US NATIONALPARK & HIGHWAY GUIDE

Capitol Reef Nationalpark

Wolfgang Förster

PLANEN.   REISEN.   ERLEBEN.

Bibliografische Information der Deutschen Nationalbibliothek:
Die Deutsche Nationalbibliothek verzeichnet diese Publikation in der Deutschen Nationalbibliografie; detaillierte bibliografische Daten sind im Internet über http://dnb.d-nb.de abrufbar.

© 2017 by Wolfgang Förster, Hennef - box21@online.de

Fotos: NPS, Wolfgang Förster

Herstellung und Verlag: Books on Demand GmbH, Norderstedt

ISBN 978-3743160286

Alle veröffentlichten Texte sind urheberrechtlich geschützt. Das gilt auch gegenüber Datenbanken und ähnlichen Einrichtungen. Die Reproduktion, ganz oder in Teilen, durch Nachdruck, fototechnische Vervielfältigung und andere Verfahren oder die Einspeisung in EDV Anlagen bedarf der vorherigen schriftlichen Zustimmung des Verlages. Alle übrigen Rechte bleiben vorbehalten.

Die aufgeführten Informationen wurden sorgfältigst recherchiert.
Dennoch kann der Autor für die Richtigkeit keine Gewähr übernehmen.

Inhalt

Vorwort 7

Die US Nationalparks 8

Der Capitol Reef Nationalpark
Anreise 11
Ein wenig Geschichte 12
Capitol Reef heute 14
Das Wetter im Capitol Reef NP 17
Die Gesteinsschichten 18

Sehenswürdigkeiten
Behunin Cabin. 20
Fruita Schoolhouse 21
Gifford Farm 23
Die historischen Obstplantagen 26
Petroglyphen der Fremont Kultur 29
Pioneer Register 31

Aktivitäten - Wanderungen
Vorsichtsmaßnahmen 32
Gesundheitsrisiken. 32
Trails im Capitol Reef NP
Goosennecks Overlook 33
Sunset Point 33
Capitol Gorge Trail 33
Cassidy Arch Trail 34
Fremont River Trail 34
Hickman Bridge 34
Golden Throne Trail 35

Grand Wash Trail 35
Fremont Gorge Overlook 35
Frying Pan Trail 35
Cohab Canyon Trail 36
Chimney Rock Loop 36
Rim Overlook / Navajo Knobs Trail 36
Old Wagen Trail Loop 38
Burro Wash 38
Cottonwood Wash 38
Sheets Gulch 38
Upper Muley Twist Canyon 38

Aktivitäten - Mountain Biking
Scenic Drive 40
Cathedral Valley Loop 40
South Draw Road 40
Burr Trail Road / Notom Bullfrog Road 41

Aktivitäten - PKW Touren
Senic Drive 42
Cathedral Valley 46
Waterpocket Fold Loop 50

Anhang
Unterkünfte 52
Capitol Reef von A-Z 59
NP Vokabeln 63

Liebe Leser

Capitol Reef ist sicherlich nicht der bekannteste und auch nicht der am meisten besuchte Nationalpark der USA, aber er hat mehr zu bieten, als nur das, was man bei der schnellen Durchfahrt über den Highway 24 zu sehen bekommt.

Wie so oft, sind die Highlights eher im Hinterland, abseits der Hauptstraßen und gut versteckt. Man muss sie suchen, einen gewissen Aufwand betreiben und Zeit investieren. Aber es lohnt sich! Wer die Natur mag und außergewöhnliche Landschaften schätzt, ist hier an der richtigen Stelle.

Viel Spaß im Capitol Reef Nationalpark!
Ihr

Wolfgang Förster

Die US Nationalparks

Auf dem Hoheitsgebiet der Vereinigten Staaten von Amerika gibt es heute 59 staatliche Nationalparks. Sie werden von einer, dem US-Innenministerium unterstellten Behörde, dem National Park Service (NPS) betreut und verwaltet.

Ursprünglich stand der Naturschutzgedanke nicht im Vordergrund. Statt dessen sollten die Parks als Vergnügungsstätte zum Nutzen und zur Freude der Bevölkerung dienen. So steht es in der Gründungsurkunde des Yellowstone NP von 1872 wie folgt beschrieben: „As a public park or pleasuring ground for the benefit and enjoyment of the people". Erst Jahre später setzte sich dann auch der Gedanke an den Naturschutz und an die Bildung der Bevölkerung durch. Heute hat die Natur, die Flora und Fauna, absolute Priorität. Zur Information und Aufklärung der Besucher wurden attraktive Visitor Center, teilweise mit Museumscharakter, installiert.

Den NPS gibt es seit 1916. Mit einem aktuellen Jahresbudget von rund 4,2 Milliarden Dollar (2016) verwaltet diese Institution nicht nur die Nationalparks, sondern insgesamt 408 Einheiten im US Bundesbesitz mit kultureller, historischer oder landschaftlich herausragender Bedeutung (dazu gehören unter anderem auch die Freiheitsstatue in New York und das Mount Rushmore National Memorial in South Dakota). Dieser enorme Aufwand ist jedoch nur

Seit 1952 ist der „Arrowhead" das Logo des NPS und der Nationalparks. Der Sequoia-Baum und der weiße Bison stehen für Fauna und Flora der Schutzgebiete, die Bergkuppe und der See für die Landschaften. Die Pfeilspitzen-Form des Logos symbolisiert die Historie und die Archäologie.

möglich, weil die ca. 16.000 festangestellten NPS-Mitarbeiter von rund 2,5 Millionen ehrenamtlichen Helfern (Volunteers) tatkräftig unterstützt werden. Da der jährlich Haushalt nur selten an die aktuellen Gegebenheiten angepasst wurde, muss derzeit in allen Bereichen massiv gespart werden.

Die Nationalparks verteilen sich über die komplette USA und bieten daher eine entsprechende Vielfalt. Vom Unterwasserpark in Florida bis zum ewigen Eis in Alaska, von der Mohave-Wüste bis zu den Sümpfen der Everglades - das Spektrum der Nationalparks deckt so ziemlich alles ab, was Mutter Natur zu bieten hat.

Ein großes Problem der Nationalparks ist ihre Attraktivität bzw. der Massentourismus. Die Besucherzahlen der beliebtesten Parks sind gigantisch. So werden im Great Smoky Mountains NP jährlich über 9 Millionen Besucher gezählt. Jahr für Jahr fahren rund 5 Millionen Touristen zum Grand Canyon NP. Und das enge Haupttal des Yosemite Nationalparks in Kalifornien wollten im Jahre 2014 fast 4 Millionen Menschen besuchen. Hier ist die Situation besonders prekär: Am 4. Juli (Nationalfeiertag) oder an verschiedenen Wochenenden in den Sommerferien mussten die Zufahrtsstraßen schon mehrfach wegen starkem Besucherandrang geschlossen werden. Im Zion NP in Utah hat man bereits die Konsequezen gezogen. Der fast 10 km lange Zion Canyon Scenic Drive ist von März bis Oktober für den öffentlichen Straßenverkehr gesperrt. Statt dessen bringen kostenlose Shuttle-Busse die Besucher zu den touristischen Attraktionen und Wanderwegen entlang des Virgin Rivers.

Für jeden, der mehrere Nationalparks besuchen möchte, lohnt sich der Erwerb des Nationalpark Passes (Annual Pass). Das scheckkartengroße Dokument kann in allen NPS Visitor Centern oder an den Parkeingängen, aber auch schon vorab online erworben werden. Er kostet derzeit 80 $, ist vom Kauftag

an für ein ganzes Jahr gültig und garantiert seinem Besitzer sowie drei Mitfahrern im PKW/Wohnmobil freien Eintritt in fast allen Parks und Einrichtungen des
- NPS National Park Service
  (www.nps.gov)
- USDA Forest Service
  (www.fs.fed.us)
- USFWS Fish & Wildlife Service
  (www.fws.gov)
- BLM Bureau of Land Management
  (www.blm.gov)
- Bureau of Reclamation
  (www.usbr.gov)

Für Kinder ist der Eintritt frei.

Im Internet kann der Annual Pass unter *www.store.usgs.gov/pass/index.html* bestellt werden. Die Gültigkeitsdauer beginnt jedoch immer mit dem Ausstellungsdatum.

Info:
National Park Foundation
1101 17th St NW
Washington, DC 20036
Tel. 202-785-4500

US Nationalpark Guide

Der Capitol Reef National Park

Im Süden des heutigen US Bundesstaates Utah bildete sich vor 50 bis 70 Millionen Jahren eine gewaltige, bis zu 160 km lange Verwerfung in Nord-Süd-Richtung, die Waterpocket Fold genannt wird. Die westlichen Teile dieses Bruches, das sogenannte Colorado-Plateau, wurden dadurch um über 2.000 Meter angehoben.

Doch nicht nur diese geologische Besonderheit war ausschlaggebend dafür, dass das Gebiet rund um die Waterpocket Fold am 2. August 1937 zum National Monument ernannt und am 18. Dezember 1971 sogar zum US Nationalpark „befördert" wurde.

Und so sahen die Gründer auch nicht nur die Natur im Capitol Reef Nationalpark als schützenswert an, sondern auch die vielfältigen Hinterlassenschaften der Menschen, die hier früher siedelten. Das begann mit den Ureinwohnern Amerikas aus der sogenannten „Freemont Kultur", die von 700 n. Chr. bis etwa 1250 n. Chr. an den Ufern des Flußes lebten und endete mit den Mormonenpionieren, die ab dem Ende des 19. Jahrhunderts ebenfalls den fruchtbaren Boden des Talbodens nutzten. Sie alle hinterliessen ihre Spuren.

Letztere waren es auch, die dem Gebiet seinen heutigen Namen gaben. Die gewaltigen Felsformationen erinnerten die ersten Siedler an ein mächtiges Riff. Der Name Capitol Reef ist bis heute geblieben.

Anreise

Der Capitol Reef NP liegt irgendwo, im Süden Utahs, sehr einsam „in the middle of the nowhere". Eventuell ist dies ein Grund, warum er nicht unbedingt zu den am stärksten frequentierten Nationalparks gehört. Die 350 km lange Anfahrt von Salt Lake City dauert

mit dem PKW etwa vier Stunden, vom 550 km entfernten Las Vegas braucht man rund sechs Stunden.

Dabei lohnt sich der Besuch auf jeden Fall, zumal es auch im direkten Umland noch weitere interessante Locations gibt. So liegt z.B. der außergewöhnliche Goblin Valley State Park mit seinen pittoresken, aber äußerst fragilen Formationen nur 60 km in nordöstlicher Richtung entfernt. Im benachbarten Ort Torrey beginnt der Utah Scenic Byway 12, der an den touristischen Höhepunkten wie z.B. Boulder mit dem Anasazi State Park Museum, dem Calf Creek Wasserfall, der legendären Hole in the Rock Road, dem farbenprächtigen Kodachrome Basin State Park vorbei bis zum Bryce Canyon Nationalpark führt.

Aus dem Osten anreisend, führt der Weg zum Capitol Reef NP über den Interstate I-70, den man an der Abfahrt 149 in Richtung Süden verlässt. In der kleinen Ortschaft Hanksville biegt man rechts auf den Utah State Highway 24 ab, der nach etwa 50 km den Nationalpark durchquert. Die Anreise aus dem Süden über den Utah Scenic Byway 12 bietet besondere Anreize (s.o.) Und aus dem Norden kommend, verlässt der Besucher den Interstate I-15 bei Scipio (Exit 188), fährt auf dem Highway 50 etwa 50 km bis Salina, biegt dort nach rechts auf den Utah State Highway 24 ab, der einen direkt nach Torrey und zum Capitol Reef Nationalpark bringt.

Ein wenig Geschichte

Vor langer Zeit, als die Kontinente noch nicht ihre heutige Form hatten und gewaltige Kräfte die Erdplatten über Millionen von Jahren verschoben, geriet auch das Gebiet des heutigen Capitol Reef Nationalparks in Bewegung. Die Anhebung des benachbarten Colorado-Plateaus schuf hier eine gigantische, rund 150 km lange Falte, eine Verwerfung in nord-südlicher Richtung - die Waterpocket Fold. Dabei wurden die ursprüglich horizontalen Gesteinsschichten, die sich hier aus Sedimenten, also Ablagerungen urzeitlicher Meere, aber auch aus Wüsten und Felslandschaften, über hunderttausende Jahre gebildet hatten, an der Bruchstelle sichtbar und sind es zum Teil heute noch. Die Erosion durch Wasser und Wind hat den oberen Teil der Verwerfung im Lauf der Jahre bereits abgetragen, sodass man die ursprungliche Größe der über 2.200 Meter hohen Verwerfung nur noch erahnen kann.

Diese Abtragungen formten aber auch die spektakulären Felslandschaften, die markanten Klippen, tiefen Schluchten, massiven Monolithen und die namensgebenden „Wassertaschen". Besonders eindrucksvoll zeigt sich dies im nördlichen Teil des Nationalparks, im Cathedral Valley. Hier sieht man deutlich, wie die Erosion den weichen Sandstein abgetragen hat und nur die härteren Gesteine, in teils an mittelalterlich Kathedralen erinnernde Formationen, stehen geblieben sind.

Ob die Angehörigen der Fremont Kultur, die ab etwa 700 n. Chr. im Gebiet des heutigen Nationalparks siedelten und ihre Spuren hinterliessen, sich die Entstehung der Waterpocket Fault erklären konnten, sei dahin gestellt. Jedenfalls baute eine Gruppe der als Jäger und Sammler bekannten und im fast ganzen Gebiet des heutigen Utah beheimateten Fremont Indianer auf dem fruchtbaren Schwemmland des Flusses bereits Mais, Bohnen und auch Kürbisse an. Erst Jahrhunderte später, etwa gegen 1250 n. Chr., verschwand diese ethnische Kultur auf rätselhafte Weise. Wissenschaftler gehen inzwischen davon aus, dass eine lang anhaltende Dürre, die den Anbau von Lebensmitteln unmöglich machte, Auslöser für den Exodus war. Im Nationalpark hinterliessen die Fremont Indianer verschiedene Artefakte, die im Visitor Center ausgestellt sind und sehenswerte Felsmalereien (Petroglyphen), die von Boardwalks am Rande des Highway 24 aus bequem besichtigt werden können.

Später nutzten die als Nomaden bekannten Ute- und Paiute-Indianer die Gegend als Jagdgebiet, bis sich im 19. Jahrhundert erste mormonische Pioniere an den Ufern des Fremont Rivers ansiedelten. Um 1878 kam der Mormone Franklin D. Young in das Tal und baute eine Squatters Cabin, also eine Blockhütte ohne Genehmigung, am Zusammenfluß von Fremont River und Sulphur Creek. Schon bald folgten weitere Mormonen Familien, die kleine Farmen aufbauten, Gärten und Felder anlegten.

Anfangs hieß die kleine Ortschaft einfach Junction, gegen 1904 wurde sie in Fruita umbenannt. Da die Siedlung niemals von mehr als zehn Familien bewohnt wurde, gab es zu keiner Zeit eine kommunale Organisation - die Leitung übernahm der jeweilige Kirchenälteste. Wie Jahrhunderte vorher schon die Fremont Indianer, nutzten auch die mormonischen Siedler das fruchtbare Schwemmland an den Flußufern. Sie bauten hier erfolgreich Gemüse und vor allen Dingen auch Obst an und bewässerten ihre Plantagen aus dem Fluß. Die Früchte aus dem abgelegenen Tal vermarkteten die Obstbauern in der näheren Umgebung.

Zu diesem Zweck bauten die Bewohner von Fruita eigens einen primitiven Weg durch den Capitol Gorge bis nach Caineville und weiter nach Hanksville. Diese „Straße" diente noch bis 1961 als einzige befahrbare Verbindung in Ost/West- Richtung. Erst der Bau des Utah Highway 24 entlang des Fremont Rivers machte sie überflüssig.

Nach der Gründung des Capitol Reef National Monuments machte der Staat den verbliebenen Farmern Angebote für ihre Grundstücke, die von diesen gerne angenommen wurden. Als letzte verkauften 1969 Dewey Gifford und seine Familie ihr Anwesen an den National Park Service und zogen weg. Damit endete die landwirtschafliche Nutzung des Tals. Die Gifford Farm kann heute als liebevoll eingerichtetes Museum besichtigt werden (siehe Seite 23) und spiegelt das Leben der Siedler wieder. Zur Erntezeit öffnen die Park Ranger die noch existierenden Obstplantagen, so dass die Besucher nach dem Do-it-yourself Prinzip dort Früchte pflücken und einkaufen können (siehe Seite 26).

Capitol Reef heute

Capitol Reef erstreckt sich auf einem schmalen Streifen in Utahs Garfield County und grenzt im Süden an das Grand Staircase National Monument sowie an die Glen Canyon National Recreation Area. Der National Park bietet ein volles Programm für Naturliebhaber, Geologen, Fotografen und Wanderer.

In der üppigen Vegetation im Tal des Fremont Rivers sind zahreiche Vogelarten, Murmeltiere, Squirrels und das unserem Reh ähnliche Mule Deer beheimatet. Neben den angepflanzten Obstbäumen gedeihen hier Pappeln, Weiden, Eschen und unzählige Wildblumen prächtig.

Im starken Kontrast dazu präsentiert sich das Hinterland des Nationalparks mit einem eher wüstenähnlichen Klima. Hier fehlt der Fluß als Lebensader. Die jährlichen Niederschläge liegen meist unter 200 mm. Doch Flora und Fauna haben sich den Umständen angepasst. Und so wachsen hier hauptsächlich Kakteen, anspruchslose Wacholderbüsche und kleine Pinyon-Kiefern. Steinadler und Luchse meiden die menschliche Umgebung und leben in der Einsamkeit des Hinterlandes. Wie auch Dickhornschafe, Kängururatten sowie Reptilien wie verschiedene Schlangen und Eidechsen.

Das informative Visitor Center am Highway 24 zeigt Ausstellungen, Exponate und einen kurzen Film über den Park. Die Park Ranger stehen für Fra-

Capitol Reef NP ... heute

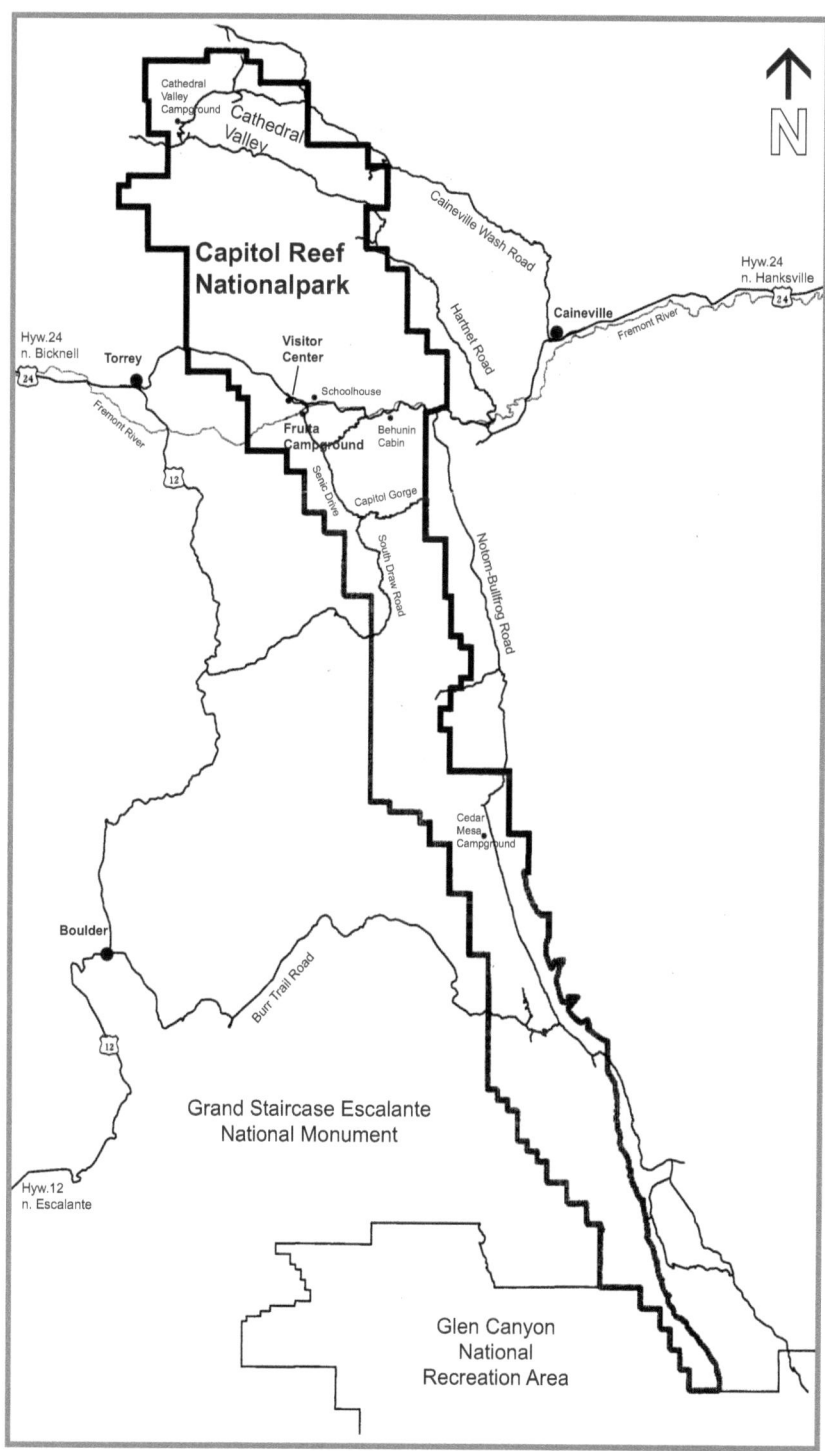

gen aller Art zur Verfügung und präsentieren ein umfangreiches Angebot, wie geführte Wandertouren, Lagerfeuerprogramme, Informations-Veranstaltungen und Nachtwanderungen.

Unweit des Visitor Center, inmitten der Obstplantagen, steht das Ripple Rock Nature Center. Während der Öffnungszeiten von Mai bis August jeden Jahres werden hier Kinder und Jugendliche über die Vielfalt der Natur im Nationalpark umfassend und altersgerecht informiert. Neben speziellen Ranger-Programmen in der Hochsaison können die Kids hier u.a. Wolle spinnen, eine (künstliche) Kuh melken, Mais auf einem prähistorischen Mahlstein zu Mehl verarbeiten oder auch Fossilien identifizieren.

Zusätzlich kann man sich hier den „Family Fun Pack" ausleihen. Dabei handelt es sich um einen Rucksack voll gepackt mit „Pioneer Games", Tools um Landkarten zu lesen, einem Fernglas sowie Büchern und Broschüren um Sterne am Himmel und Wildvögel zu identfizieren. Optimal für Regentage.

Wie auch viele andere Nationalparks bietet Capitol Reef das kostenlose Junior Ranger Programm an. Nach dem schriftlichen Beantworten einiger Fragen wird der neue Junior Ranger im Visitor Center mit einer Urkunde und einem Aufnäher belohnt.

Capitol Reef Nationalpark
HC 70 Box 15
84775 Torrey, Utah
Tel. 435-425-3791
Fax 435-425-3026
CARE_Interpretation@nps.gov
www.nps.gov/care/

Capitol Reef Nationalpark Visitor Center.

Das Wetter im Capitol Reef Nationalpark

Im Capitol Reef Nationalpark herrscht ein trockenes, wüstenähnliches Klima mit einer sehr geringen Luftfeuchtigkeit. Im Sommer kann das Thermometer auf bis zu 30 Grad steigen, während es sich Nachts wieder auf 10 bis 15 Grad abkühlt. Auf Grund der angenehmeren Temperaturen sind Frühling und Herbst ideal für Langstreckenwanderungen. Im Winter werden regelmäßig Temperaturen unter 10 Grad gemessen.

Dabei sind die Niederschläge im ganzen Jahr minimal, jedoch kann es im Juli bis September immer wieder zu heftigen Gewittern kommen - dann besteht die Gefahr von Überflutungen (flash floods). Jedem Wanderer wird daher empfohlen, sich bei den Park Rangern über die kommende Wetterlage zu informieren, bzw. unter der Rufnummer 435-425-3791 die Wettervorhersage abzurufen. Die extremen Temperaturunterschiede und die Trockenheit lassen, außer in Gewässernähe, nur eine sehr eingeschränkte Vegetation zu.

	Temperaturen				Niederschläge	
	Durchschnitt		Spitzenwert		Durchschnitt	max.
	max.	min.	max.	min.		
Januar	5° C	- 6° C	17° C	- 18° C	12 mm	23 mm
Februar	8° C	3° C	21° C	- 21° C	14 mm	38 mm
März	14° C	1° C	26° C	- 12° C	13 mm	20 mm
April	19° C	4° C	31° C	- 5° C	15 mm	33 mm
Mai	24° C	9° C	36° C	- 1° C	15 mm	22 mm
Juni	30° C	14° C	39° C	2° C	9 mm	17 mm
Juli	33° C	18° C	40° C	10° C	25 mm	35 mm
August	31° C	17° C	38° C	10° C	30 mm	38 mm
September	26° C	12° C	35° C	2° C	24 mm	47 mm
Oktober	19° C	7° C	31° C	- 5° C	22 mm	45 mm
November	11° C	- 1° C	23° C	- 12° C	13 mm	22 mm
Dezember	5° C	- 6° C	19° C	- 22° C	9 mm	23 mm

Die Gesteinsschichten im Capitol Reef NP

Schichten	Alter / Epoche	Dicke
Mesaverde Formation	65 Millionen Jahre	90 - 120 m
Mancos Shale	Cretaceum (Kreidezeit)	600 - 900 m
Dakota Sandstone		- 15 m
Cedar Mountain Formation		- 30 m
Morrison Formation	144 Millionen Jahre	80 - 210 m
Summerville Formation		45 - 90 m
Curtis Formation		- 25 m
Entrada Sandstone		140 - 230 m
Carmel Formation	Jura	90 - 300 m
Page Sandstone		15 - 30 m
Navajo Sandstone		250 - 350 m
Kayenta Formation		100 m
Wingate Sandstone		100 m
Chinle Formation	206 Millionen Jahre	100 - 170 m
Shinarump Member	Trias	- 30 m
Moenkopi Formation		150 - 300 m
Kaibab Limestone	248 Millionen Jahre	20 - 30 m
White Rim Sandstone	Perm 290 Millionen Jahre	über 120 m

Capitol Reef NP

Gestein	Entstehung	Sichtbar
Schieferschichten mit Sandstein	Überschwemmungs- und Küstengebiete	Mancos Shale Badlands
dunkelgrauer Schiefer mit Sandstein	Binnengewässer	Factory Butte und Badlands bei Caineville
brauner Sandstein mit Muschelschalen	Küstengebiet	
Konglomerat mit Tonschichten	Flüsse und Über- schwemmungsgebiete	im nördlichen Teil des Cathedral Valley
heller Sandstein	Flüsse, Bentonit = Vulkan-Asche	Bentonite Hills
schmaler, rötlichbrauner Schluffstein	Wattflächen	
gräulichgrüner Sand- stein und Gips	Meer	Spitzen der Monolithen im Cathdral Valley
roter, feinkörniger Sandstein und Gips	Wattflächen	Monolithen im Cathdral Valley
schichtweise roter Sandstein und Gips	Übergang zwischen Meer und Festland	Ostseite der Waterpocket Fold
roter Sandstein	Sanddünen	Spitze des Golden Throne
weißer Sandstein	Sanddünen	Capitol u. Navajo Dome u. Grand Wash Narrows
Schichten von rotem Sandstein u. Schluffstein	Flüsse	oberer Teil der Fruita Cliffs
massiver, dunkelroter Sandstein	Sanddünen	Fruita Cliffs und Circle Cliffs
Schichten von Sand-, Schluffstein u. Bentonit	bewaldetes Becken mitGewässern, u.	Abänge unterhalb der Fruita Cliffs
weißer Sandstein	Flüsse	Spitze des Chimney Rock
roter Schluffstein u Ton, teilw. gelber Kalkstein	Küstenebene	Miners Mountain, Eqyptian Temple
grauer Kalkstein	Meer	Fremont River Gorge
weißer Sandstein	Strand und Sanddünen	Fremont River Gorge, Sulphur Creek Goosen.

US Nationalpark Guide

Sehenswertes

Behunin Cabin

Fährt man von Osten (Hanksville) über den Highway 24 in den Capitol Reef Nationlpark hinein, steht etwa 3 km nach der Parkgrenze links der Straße eine kleine Hütte. Obwohl aus Sandstein gebaut, kann man das Gebäude nur schwerlich als Haus bezeichnen, mißt seine Grundfläche doch lediglich ca. vier mal fünf Meter. Auf diesen knapp zwanzig Quadratmetern lebte Elijah Cutler Behunin (1847 - 1933), mit seiner Ehefrau Tobitha und 11 ihrer insgesamt 13 Kinder. Da nicht alle in der kleinen Hütte schlafen konnten, nächtigten die größeren Kinder außerhalb - die Mädchen in einem Farmwagen auf dem Hof, die Jungen in einer Felsenhöhle.

Behunin war 1882 von Sevier/Utah mit seiner Familie ins Tal des Fremont River umgesiedelt. Für die etwa 150 km lange Fahrt benötigten sie mit ihrem Planwagen 12 ganze Tage, da dieser Teil Utahs damals noch kaum erschlossen war.

Elijah Cutler Behunin verstarb am 8. November 1933 im Alter von 86 Jahren nach einem Autounfall im Siguard Canyon und wurde auf dem Friedhof in Torrey beerdigt. Die Behunin Cabin ist seit dem 13. September 1999 im National Register of Historic Places gelistet.

GPS: 38°16'56"N 111°10'12"W

Die Schüler von 1935 in Fruita.

Fruita Schoolhouse

Gerade einmal fünf Meter breit und sechs Meter lang sind die Aussenseiten des heute noch im Original bestehenden Fruita Schoolhouse. Zahlreiche Kinder der Siedlung lernten hier Rechnen, Lesen und Schreiben.

Bildung hatte für die Mormonen schon immer eine große Bedeutung. Und so baute Elijah Cutler Behunin, zusammen mit weiteren Siedlern, bereits 1896 das Schoolhouse. Zu diesem Zeitpunkt lebten acht Familien im Tal des Fremont River und diese hatten viele Kinder.

Lehrerin war Behunins 1878 geborene Tochter Amanda Monettie, genannt Nettie. In ihrem ersten Jahr unterrichtete sie immerhin 22 Schüler im neuen Schulhaus. Nettie hatte schon vor dem Bau der Schule die Kinder auf dem Hof ihres Vaters - einem der ersten Siedler am Ort - unterrichtet.

Die ersten Möbel der Ein-Raum-Schule waren selbstgebaut. An den einfach gezimmerten Tischen aus Kiefernholz lernten jeweils zwei Schüler. Da die Siedler den Raum auch für Feiern, Versammlungen und Gottesdienste nutzten, waren die Tische nicht am Boden verschraubt.

Um 1900 herum wurde das Engagement der Siedler dann offiziell und staatlich abgesegnet. Der Wayne County School District übernahm das Gebäude als Leihgabe und Nettie, inzwischen 22 Jahre alt und seit 1897 mit Frederick William Noyes verheiratet, wurde Lehrerin im Staatsdienst. Ihr Gehalt betrug damals 70 $ im Monat.

Ursprünglich hatte die Schule ein Flachdach. Erst 1912/13 bekam das Gebäude ein Giebeldach, so wie es heute noch zu sehen ist. Die Innenwände wurden erstmals 1935 verputzt.

Nach der Einrichtung des National Monuments verliessen immer mehr Bndwohner das Tal, so dass die Schule 1941 aus Mangel an Schülern geschlossen wurde. Amanda Monettie Noyes verstarb am 20. April 1944 und wurde auf dem Friedhof von Torrey beigesetzt.

Seit 1964 ist das Fruita Schoolhouse als schützenswertes Gebäude im National Register of Historic Places eingetragen. Noch heute steht die Schule so wie sie etwa 1930 aussah an ihrem ursprünglichen Platz am heutigen Utah Highway 24 und kann von außen und auch durch die Fensterscheiben besichtigt werden. Mit ein wenig Glück ist ein Park Ranger vor Ort, der die Tür aufschließt und dem interessierten Besucher nicht nur Eintritt gewährt, sondern auch die Einzelheiten erklärt.

GPS: 38°17'15"N 111°14'45"W

Noch heute steht das alte, winzige Schulhaus von Fruita an seinem angestammten Platz und kann besichtigt werden.

Gifford Farm

Im Herzen des Fruita Tals, nur wenige Meter vom Zusammenfluss des Sulphur Creek und des Fremont River entfernt, liegt die Gifford Farm - ein landwirtschaftliches Anwesen. Die Farm präsentiert die typische Art des spartanischen ländlichen Lebens abseits der Städte in Utah zu Beginn des 20. Jahrhunderts.

Erbauer des Hauses war der Mormone Calvin David Pendelton (1849 - 1937). Es wird vermutet, dass er die Abgeschiedenheit in Fruita suchte, um der Strafverfolgung zu entgehen - Pendelton war Polygamist. Seine erste Frau, Susannah heiratete Pendelton 1870 - sie hatten sieben gemeinsame Kinder. 1887 heiratete er ein zweites Mal und zwar die zu diesem Zeitpunkt 25-jährige Harriet Newberry Morris, mit der er fünf weitere Kinder zeugte. Nach Loa/Utah siedelte die Großfamilie 1894 um und 13. Januar 1898 kaufte er von Nels und Mary Jane Johnson 37 Morgen Land im Fruita Tal, auf dem er die Farm und 1908 das heute noch bestehende Haupthaus errichtete.

Die Pendeltons lebten nicht nur vom Obst und Gemüse, das sie anpflanzten, sie hatten auch Rinder und Schafe. Um deren Weiden einzuzäunen, legte Pendelton mit seinen Kindern Natursteinmauern an, die heute noch stehen.

1919 verkaufte Pendelton die Farm an Jorgen Jorgenson, der sie bis 1928 bewirtschaftete. Der Mormone Jorgenson erblickte 1849 in Talsagar (Dänemark) das Licht der Welt und lebte, bevor er

Das Wohnhaus der Gifford Farm dient heute als lebendiges Museum.

mit seiner zweiten Frau Ane Christine nach Fruita zog, in Colonia (Mexico), Ferron und Escalante (jeweils Utah). Der Ehemann von Jorgensons Tochter Pernellie (Nel), George Dewey Gifford, übernahm die Farm dann 1928. Das Anwesen sollte für 41 Jahre die Heimat der Familie Gifford werden.

dunklen kühlen Keller hinter dem Haus. Um das Fleisch für den eigenen Gebrauch und den Verkauf haltbar zu machen, hatte Dewey Gillford eine Räucherkammer gebaut. Aber die Erträge aus der Landwirtschaft reichten bei weitem nicht aus. Zusätzlich arbeitete das Familienoberhaupt erst im

Möbel und Utensilien aus verschiedenen Zeiten werden im Gifford Farm House gezeigt.

Die Familie lebte von dem, was sie anbaute. Im Garten wuchs eine Vielzahl von Gemüse einschließlich Kartoffeln, Bohnen, Erbsen, Kürbis, Salat, Radieschen, Mais, und Wassermelonen. Hinzu kamen die meist guten Ernten aus den Obstplantagen. Außerdem hielten die Giffords Milchkühe, Schweine und Schafe sowie Hühner und Enten.

Das Obst und Gemüse, das nicht vermarktet werden konnte, wurde eingemacht oder getrocknet, die Früchte auch zu Marmelade verarbeitet. Kartoffeln und Möhren lagerten in einem

Straßenbau und später bei der Nationalpark Verwaltung.

Im Laufe der Jahre veränderte sich auch das Farmhaus. Anfangs nutze man das Wasser des Fremont Rivers für den täglichen Bedarf. 1946 baute Gifford in einem Nebengebäude eine Waschküche und ein Bad für die Familie. Elektrizität wurde erst 1948 bis hierhin verlegt.

Die Giffords hatten häufig Besuch von den anderen Bewohnern des Tals. Insbesondere die Familien Chesnut und Mulford waren gern gesehene Gäste.

Ein Teil des Angebots für die Besucher der Gifford Farm.

Man traf sich zum Abendessen, unterhielt sich und sang. Die Männer spielten Baseball, die Frauen handarbeiteten. Die Gemeinsamkeit und die gegenseitige Hilfsbereitschaft war eine der wichtigsten Voraussetzungen für das Funktionieren einer isolierten Gemeinschaft wie Fruita.

In den sechziger Jahren des vergangenen Jahrhunderts verliessen immer mehr Menschen das Fruita Tal. Irgendwann war die Giffords die letzten Anwohner. Da auch die vier Kinder von Dewey und Nel Gifford inzwischen erwachsen waren, verkauften sie 1969 Haus und Grund an den National Park Service und zogen nach Torrey. Nel verstarb 1980, Dewey 1997 im Alter von 97 Jahren. Beide fanden auf dem Friedhof von Torrey ihre letzte Ruhe.

Heute nutzt der NPS die Gilfford Farm als Heimatmuseum und als Verkaufsstelle. In den Räumen sind zahlreiche Möbel und Küchenutesilien aus den letzten 150 Jahren ausgestellt und vieles erinnert irgendwie an die Wohnung der eigenen Großmutter.

Aber es gibt auch interessante Andenken und Mitbringsel zu kaufen, die einen in die gute alte Zeit zurück versetzen. Teppiche, Kleidung, Decken, Puppen, Kerze und Seife, meist nach Originalvorlagen von lokalen Künstlern und Handwerkern geschaffen, werden angeboten. Und auch eine große Auswahl von Büchern, historischen Postkarten, Konfitüren und getrockneten Früchte, sowie „homemade" Kuchen und Eis können erworben werden.

Die Gifford Farm befindet sich etwa 1,5 km südlich des Visitor Center am Scenic Drive und ist in der Sommersaison täglich geöffnet.

Die historischen Obstplantagen

Die noch heute Früchte tragenden Obstbäume der Plantagen an den Ufern des Sulphor Creek und des Fremont River gehen zurück auf die ersten mormonischen Siedler des Fruita Tales. Im späten 19. Jahrhundert erkannten die Pioniere die günstige Lage an den beiden Gewässern und pflanzten hier erfolgreich erste Kulturen in den nährstoffreichen Boden. Die Erträge der rund 2.700 Apfel-, Kirsch-, Pfirsich-, Birnen-, Aprikosen-, aber auch Pflaumen-, Mandel- und Nussbäume dienten nicht nur der Ernährung der eigenen Familien, sondern wurden auch in der näheren Umgebung verkauft bzw. gegen Waren eingetauscht.

Das immer zur Verfügung stehende Flußwasser war einer der Schlüssel zum Erfolg der Landwirtschaft. Ohne die zusätzliche Bewässerung wäre ein Obstanbau in diesem Umfang nicht möglich gewesen. Hinzu kam der fruchtbare Boden und die warmen Sommertage in diesem Teil des Landes. Die das Tal umgebenden Felswände speicherten die Hitze des Tages und sorgten damit auch Nachts für milde, den Reifeprozess fördernde Temperaturen. Von Überschwemmungen und den damit verbundenen

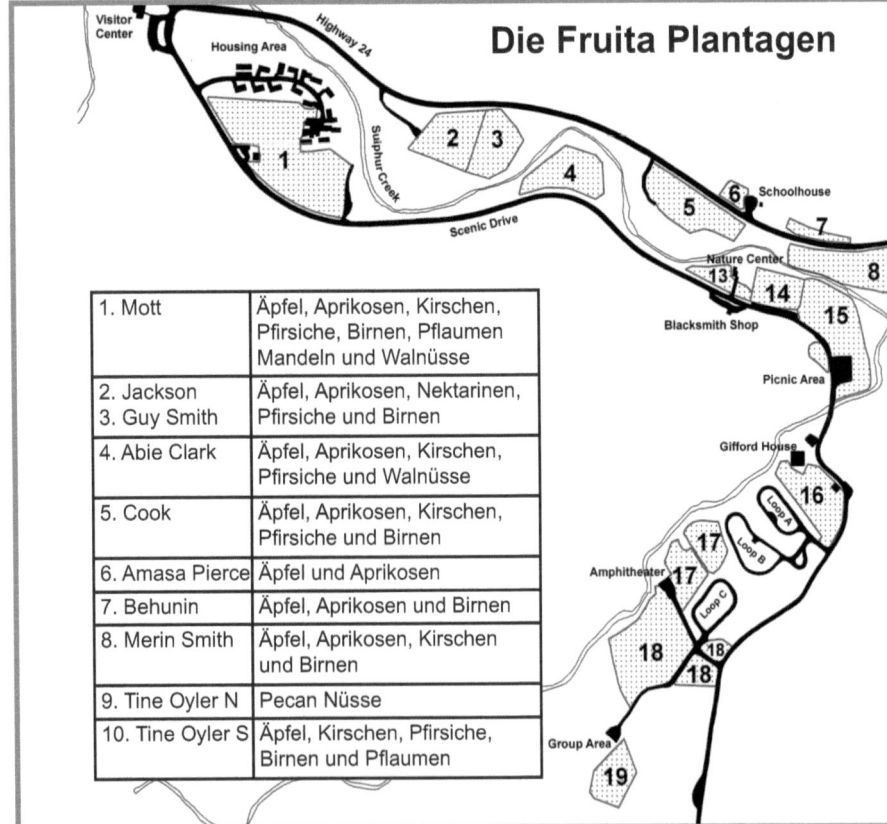

Die Fruita Plantagen

1. Mott	Äpfel, Aprikosen, Kirschen, Pfirsiche, Birnen, Pflaumen Mandeln und Walnüsse
2. Jackson 3. Guy Smith	Äpfel, Aprikosen, Nektarinen, Pfirsiche und Birnen
4. Abie Clark	Äpfel, Aprikosen, Kirschen, Pfirsiche und Walnüsse
5. Cook	Äpfel, Aprikosen, Kirschen, Pfirsiche und Birnen
6. Amasa Pierce	Äpfel und Aprikosen
7. Behunin	Äpfel, Aprikosen und Birnen
8. Merin Smith	Äpfel, Aprikosen, Kirschen und Birnen
9. Tine Oyler N	Pecan Nüsse
10. Tine Oyler S	Äpfel, Kirschen, Pfirsiche, Birnen und Pflaumen

Blüte-/Erntekalender der Fruita Obstplantagen

	Blüte	Ernte
Kirschen	31.03. - 19.04.	11.06. - 07.07.
Aprikosen	27.02. - 13.04.	27.06. - 18.07.
Pfirsiche	26.03. - 23.04	04.08. - 06.09.
Birnen	31.03. - 03.05.	07.08. - 08.09.
Äpfel	10.04. - 06.05.	04.09. - 17.10.

schweren Verwüstungen, die die Bewohner der flußabwärts liegenden Ansiedlungen Aldrich, Cainville und Hanksville immer wieder heimsuchten, blieb Fruita weitestgehend verschont. Und so dauerte es nicht lange, bis die kleinen Community im südlichen Utah den Beinamen „Paradies von Wayne County" erhielt.

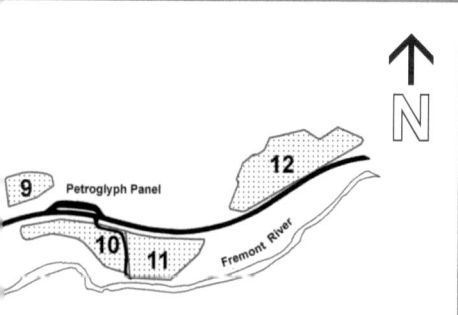

11. Holt	Äpfel, Kirschen und Birnen
12. Max Krueger	Äpfel, Aprikosen, und Pfirsiche
13. Adams	Äpfel und Aprikosen
14. Johnson	Äpfel, Aprikosen, Kirschen, Pfirsiche, Pflaumen und Birnen
15. Doc Inglesby	Aprikosen, Kirschen und Birnen
16. Gifford	Äpfel, Aprikosen, Pfirsiche Birnen und Walnüsse
17. Chesnut	Äpfel und Birnen
18. Cass Mulford	Aprikosen und Walnüsse
19. Carrell	Pfirsiche

Die Vielfalt der im Fremont-River-Tal kultivierten Obstsorten ist überraschend. Die gilt insbesondere für die Äpfel. Unter Umständen war den Bewohnern von Fruita schon das Sprichwort „An apple a day keeps the doctor away" geläufig.

Natürlich ist auch der weltweit am häufigsten angebaute Apfel, der „Red Delicious", hier stark vertreten. Seine schnell wachsenden und viele Früchte tragenden Bäume gedeihen in den Plantagen von Amasa Pierce (6), Max Krueger (12), Tine Oyler (10) und Merin Smith (8), sowie bei den Behunins (7), den Chesnuts (17), den Giffords (16), den Holts (11), Jacksons (2) und den Motts (1).

Beliebt war auch der ebenfalls in Deutschland sehr bekannte Golden Delcious. Der gelbgrüne Apfel wächst in den Obstgärten von Amasa Pierce (6) und Max Krueger (12), der Chesnut Famile (17), den Giffords (16), Jacksons (2) und Motts (1).

Der Besucher des Capitol Reef Nationalparks findet hier aber auch außergewöhnliche Sorten, die nicht so bekannt sind und nicht unbedingt in die Kategorie „Tafelapfel" fallen, weil sie den Anforderungen des modernen

Lebensmitteleinzelhandels nicht in allen Punkten gerecht werden. Das hat aber nichts mit der Qualität und erst recht nicht mit dem Geschmack zu tun. Zu diesen „Alten Apfelsorten" gehören der saftige „Ben Davis" (14), der „Empire" (2) mit seinem süßen und saftigen Fruchtfleisch, der moderne „Fuji" (2), der früh reifende „Ginger Gold" (1, 2), der schmackhafte und daher populäre „Granny Smith" (12), der klassische amerikansche „Jonathan" (1, 2, 12, 14), der aromatische „McIntosh" (14), der aus Russland stammende „Red Astrachan" (14), der wegen seiner Säure als Kochapfel beliebte „Rhode Island Greening" (1), der lange lagerbare „Rome Beauty" (14, 16), die fast schon vergessene „Rubinette" (2), der „Sixteen Ounce Cooking" (8), dessen Herkunft unklar ist, sowie die mittelgroße Sorte „Winter Banana" (14).

Etwas ganz Besonderes ist der „Captiol Reef Red", eine Sorte, die erst seit 1994 speziell für das Klima in Utahs Felsenregion gezüchtet wurde. Etwa 80 dieser Bäume mit ihren süßen, knackigen und saftigen Früchten wachsen auf der Nordseite des Jackson Orchards (2).

Jede dieser vielen Apfelsorten hat ihre Eigenarten und ihren eigenen Geschmack. Heute pflegen die Mitarbeiter des NPS diesen wertvollen Nachlass der Pioniere. Aber die Kulturen leben und entwickeln sich immer noch weiter. Besucher sind herzlichst eingeladen, durch die Obstgärten zu flanieren und die reifen Früchte zu probieren. Gegen eine kleine Gebühr dürfen auch Früchte in Haushaltsmengen gepflückt und mitgenommen werden.

Probieren geht über studieren - Pflücken erlaubt.

Die Petroglyphen der Fremont Kultur

Lange bevor gegen Ende des 19. Jahrhunderts die mormonischen Siedler das heutige Fruita-Tal besiedelten, lebten hier schon die Fremont-Indianer. Die Ahnen dieser Kultur, die vorher ausschließlich Jäger und Sammler waren, entwickelten vor etwa 2000 Jahren eine frühe Form der Landwirtschaft. Von etwa 600 bis 1300 nach Chr. lebte eine Community dieser amerikanischen Ureinwohner auch auf dem Gebiet des heutigen Capitol Reef Nationalparks.

organisierte Gruppen, die sich aus mehreren Familien zusammensetzten. Sie waren sehr eng mit der Natur verbunden, aber trotzdem so flexibel, dass sie jederzeit auf soziale oder ökologische Veränderungen in ihrem Umfeld reagieren konnten.

Die Wissenschaft vermutet, dass die hier lebenden Indianer sowohl Mais als auch Bohnen und Kürbisse an den Flussufern anbauten, um ihre Nahrung, die bis dahin vorwiegend aus gesammelten Beeren und Nüssen sowie aus erlegtem Wild bestand, zu ergänzen. Sie jagten mit Pfeil und Bogen (Hir-

Petroglyphen - leicht zu erreichen direkt am Highway 24.

Die Fremont Indianer wohnten anfangs in natürlichen Felsenhöhlen, später in Grubenhäusern, die den Kivas der Pueblo Kulturen ähnelten. Wie diese waren sie in den Boden eingegraben, Äste und Schilf bildeten das Dach. Ihre soziale Struktur basierte aus lose

sche, Dickhornschafe und Kaninchen) oder aber auch mit Hilfe von Netzen (Fische und Vögel).

Archäologen fanden zahlreiche Artefakte im Nationalpark, die unzweifelhaft der Fremont Kultur zuzuordnen sind.

Wie etwa Korbwaren, die im unverwechselbaren Stil hergestellt waren. Oder Keramiken mit polierten Oberflächen und den typischen Designs. Auch die gefundenen Mokassins sind ein eindeutiger Beweis deuten auf die Fremont Kultur hin - die Anazasi trugen Sandalen an den Füßen.

Die Fremont Kultur hinterliess noch weitere Spuren im Tal. Sehr beeindruckend und für Touristen leicht zu erreichen sind die zahlreichen Petroglyphen an den steilen Felswänden entlang des Highway 24. Die Zeichen verteilen sich über mehrere Felswände und die Vielfalt der Bilder ist erstaunlich. Der Weg dorthin ist ausgeschildert, Boardwalks und Aussichtsplattformen machen es dem Besucher einfach, die Hinterlassenschaft der alten Kultur zu betrachten. Aber auch im Hinterland gibt es Petroglyphen zu entdecken. Die Park Ranger geben Auskunft.

Die in den Fels geritzten Petroglyphen und auch die aufgemalten Pictogramme der Fremont Indianer zeigen Menschen, Tiere und andere Formen und Gestalten. Anthropomorphe d.h. menschenähnliche Zeichen haben in der Regel trapezförmigen Körper mit Armen, Beinen und Fingern. Die Figuren sind oft kunstvoll mit Kopfschmuck, Ohrringen, Halsketten, Kleidungsstücke und Mimik gestaltet. Eine große Vielfalt von zoomorphischen (tierischen) Zeichen stellen Dickhornschafe, Hirsche, Hunde, Vögel, Schlangen und Eidechsen dar. Auch abstrakte Muster, geometrischen Formen und Handabdrücke sind zu sehen.

Der Sinn und die tiefere Bedeutung der Felskunst der Fremont-Kultur ist weitgehend unbekannt. Allerdings gibt es verschiedene unterschiedliche Theorien. Einige Archäologen zweifeln, dass es sich nur um eine frühe Form künstlerische Darstellungen handelt. Sie sehen stattdessen symbolische Konzepte, die dem späteren Betrachter wichtige Informationen geben sollen.

Die Petroglyphen könnten demnach religiöse oder mythologische Ereignisse, Standorte von Ressourcen, Informationen aus der Astronomie oder andere wichtige Erkenntnisse zeigen. Eine Art „Zeitschrift" vergangener Tage. Auf jeden Fall aber lesens- bzw. sehenswert...

Pioneer Register

Nicht nur die Ureinwohner hinterließen ihre Nachrichten in den Felswänden des Capitol Reef, auch die Siedler, Soldaten und Pioniere späterer Zeiten verewigten sich hier.

Im Jahre 1883 machte sich der Mormone Elijah Cutler Behunin im heutigen Fruita Gedanken, wie er seine landwirtschaftlichen Produkte besser auch in die östliche Richtung transportieren und damit vermarkten könnte. Zwar gab es bereits einen Fußweg entlang des Fremont Rivers, doch musste der Fluß dabei mehrmals gequert werden. Eine sichere Alternative, wenn auch ein Umweg, schien der etwa 5 km lange Capitol Gorge zu sein. Zusammen mit weiteren Männern aus der noch jungen Siedlung machte er sich auf, um die Schlucht mit Pferdewagen befahrbar zu machen. Acht Arbeitstage benötigten sie, um den Canyonboden von störendem Geröll und Sträuchern zu befreien. Dann war der Weg in den Osten frei, der bis zur Fertigstellung des Highway 24 im Jahre 1962 genutzt wurde.

Schon Jahre vorher, genauer gesagt ab 1871, ritzten Reisende, die durch den Capitol Gorge kamen, ihre Namen in eine der großen Felswände ein. Daraus entstand das „Pioneer Register". Die Wand ist heute vollgeschrieben mit Namen und historischen Jahreszahlen. Weitere Eintragungen sind nicht mehr erlaubt und werden mit Geldstrafen geahndet.

GPS: 38°12'41"N 111°09'36"W

In der Vergangenheit verewigten sich zahllose Reisende am Pioneer Register. Heute ist es strengstens verboten.

Aktivitäten

Wanderungen

Vorsichtsmaßnahmen

Extreme Hitze und rauhes Gelände bedeuten eine Gefahr für jeden Wanderer. Schon das Wandern in einer Gruppe vermindert ein mögliches Risiko enorm.

Auch eine gute Vorbereitung hilft dabei, dass ein Wanderausflug erfolgreich beendet werden kann und in guter Erinnerung bleibt. Funktionelles Schuhwerk und entsprechende Bekleidung (Zwiebelprinzip) sind dabei eine wichtige Grundvoraussetzung. Dazu eine Kopfbedeckung als Sonnenschutz und ein bequemer Rucksack für Getränke, kleine Snacks und Obst.

Ebenfalls gehört das Einholen von Informationen zum Wetter, über den Zustand der Trails und auch über mögliche Gefahren, zu einer verantwortungsvollen Vorbereitung. Diesbezüglich sind die Parkranger im Visitor Center die idealen Ansprechpartner.

Immer wieder müssen Wanderer aus Notlagen befreit werden, in die sie aus Erschöpfung und Wasserentzug geraten sind. Die Parkranger empfehlen daher, pro Wanderstunde zwischen einem halben und einem Liter Flüssigkeit zu trinken. Des weiteren sollte man sich nicht übernehmen, langsam gehen, sein persönliches Tempo finden und auch häufige Pausen einlegen, nicht nur um dem Körper Erholung zu gönnen, sondern auch, um die Natur entsprechend zu genießen. Das Motto sollte lauten: Verantwortungsbewusst wandern - mit Rücksichtnahme auf die Natur und auf sich selbst.

Gesundheitsrisiken

Erschöpfung

Wanderer können durch extremes Schwitzen pro Stunde bis zu 2 Liter Wasser verlieren.
Symptome: Blässe, Übelkeit, kühle und feuchte Haut, Kopfschmerzen und Krämpfe.
Behandlung: Trinken, Schatten aufsuchen und Körper kühlen, Nahrung mit hohem Kohlenhydratgehalt essen.

Hitzschlag

Lebensbedrohlicher Notfall, bei dem die Wärmeregulierungsfunktionen des Körpers überlastet werden.
Symptome: Gesichtsröte, trockene Haut, flacher und schneller Puls, hohe Körpertemperatur und im Endstadium Bewusstlosigkeit.
Behandlung: Schatten aufsuchen, Körper kühlen, Hilfe holen (lassen)!

Hyponatriämie

Folge einer niedrigen Natriumkonzentration im Blut, die durch Trinken von zu viel Wasser und Salzverlust durch Schwitzen verursacht wird.
Symptome: Übelkeit, Erbrechen, häufiger Harndrang.
Behandlung: Pause einlegen und salzhaltiges essen. Wenn geistige Fähigkeiten abnehmen, sofort Hilfe holen (lassen).

Unterkühlung

Lebensbedrohlicher Notfall, bei dem der Körper sich aufgrund von Erschöpfung und kalter Witterung nicht warm halten kann.
Symptome: Zittern, geringe Muskelkontrolle, schneller Herzschlag.
Behandlung: Trockene Kleidung, warme Flüssigkeiten trinken, Körper wärmen und vor Wind, Regen und Kälte schützen.

Trails im Capitol Reef NP

● **Goosenecks Overlook**
Trailhead: Goosenecks Parkplatz südlich des Highway 24.
Miniwanderung zum mäandernden Sulphur Creek, der sich hier tief in den Fels gegraben hat.
Länge: rund 200 Meter, Höhenunterschied: minimal

● **Sunset Point**
Trailhead: Goosenecks Parkplatz südlich des Highway 24.
Kurzer Weg zu einem Aussichtspunkt, der einen herrlichen und besonders beim Sonnenuntergang, farbenprächtigen Ausblick auf die Felsen und Klippen ermöglicht.
Länge: 600 Meter, minimale Steigung

● **Capitol Gorge Trail**
Trailhead: Capitol Gorge Parkplatz am Scenic Drive.
Leichte Wanderung durch den engen, kurvigen Canyon, der bis 1962 der einzig befahrbare Weg von Fruita nach Cainville/Hanksville war. Hinter jeder Biegung erwarten den Wanderer neue Eindrücke. So haben sich Cowboys, Siedler und Soldaten beim "Pioneer Register" verewigt und ihre Namen in die glatte Felswand geritzt. Die „Tanks" sind natürliche Auswaschungen im

Tief hat sich der Sulphur Creek in Form eines Gänsehalses (Gooseneck) in den Sandstein hinein gefressen.

US Nationalpark Guide

Hoch über dem Grand Wash thront der Cassidy Arch.

Fels, in denen sich das Regenwasser sammelt. Von ihnen wurde der Name der Gegend, Waterpocket Fold, abgeleitet.
Länge: 1,7 km bis zu den Tanks, dann auf gleichem Weg zurück, minimaler Höhenunterschied aber kurzer Aufstieg zu den Tanks.

● **Cassidy Arch Trail**
Start: Parkplatz im Grand Wash.
Steiler Weg vom Boden des Canyons bis hoch zu dem aus dem Tal nur schwer auszumachenden Arch.
Länge: 2,8 km, Höhenunterschied: 200 Meter

● **Fremont River Trail**
Trailhead: Fruita Campground
Auf der ersten Hälfte sehr einfacher Weg am Fluß entlang. Dann geht es steil bergan, jedoch wird der Wanderer mit einem schönen Ausblick über das Tal belohnt.
Länge: 2 km, dann auf gleichem Weg zurück. "Self-guided" Naturlehrpfad. Höhenunterschied: ca. 150 Meter.

● **Hickman Bridge**
Trailhead: Hickman Bridge Parkplatz am Highway 24, etwa 3 km vom Visitor Center entfernt.
Die Hickman Bridge ist ein imposanter Arch mit rund 40 Metern Spannweite, den die Erosion aus dem Navajo-Sandstein gefräst hat. Der gut gekennzeichnete und mit Hinweisschildern versehene Weg, schraubt sich vom Fremont River, an Wacholderbüschen und Pinyon-Kiefern vorbei, in Serpentinen in die Höhe. Der letzte Teil führt durch das ausgetrocknete Bett des Baches, der maßgeblich an Gestaltung der Bridge beteiligt war.

Die Hickman Bridge wurde im Laufe der Zeit aus dem umgebenden Sandstein herausgefräst.

Länge: 1,5 km, dann auf gleichem Weg zurück. Naturlehrpfad. Höhenunterschied: 120 Meter.

● **Golden Throne Trail**
Trailhead: Capitol Gorge Parkplatz am Scenic Drive.
Steiler Weg aus dem Capitol Gorge bis in die Klippen der Waterpocket Fold. Unterwegs schöne Ausblicke zurück in den Canyon und - besonders am Zielpunkt - einen spektakulären Blick auf den Golden Throne.
Länge: 3,2 km und auf dem gleichen Weg zurück. Höhenunterschied: 220 Meter.

● **Grand Wash Trial**
Trailhead: Grand Wash Parkplatz am Scenic Drive.
Einfache Wanderung ohne die Möglichkeit sich zu verlaufen, durch einen schmalen Canyon mit steilen, hohen Felswänden. Der Trail endet am Highway 24 und kann auch in umgekehrter Richtung begangen werden.
Länge: 3,6 km, Höhenunterschied 61 Meter.

● **Fremont Gorge Overlook**
Trailhead: Blacksmith Shop am Scenic Drive.
Über einen kurzen, aber steilen Anstieg erreicht man das Plateau, auf dem es dann weiter geht bis zu einem Aussichtspunkt hoch über dem Tal des Fremont River.
Länge: 3,6 km, Höhenunterschied: 330 Meter.

● **Frying Pan Trail**
Trailhead: Fruita Campground oder Grand Wash Parkplatz.
Der Trail verbindet die Wege zum

US Nationalpark Guide

Cohab Canyon und zum Cassidy Arch und endet an einem Aussichtspunkt oben auf dem Kamm der Waterpocket Fold. Die Schwierigkeit ist das achterbahnähnliche stetige Auf und Ab.
Länge: 4,6 km bis zum Aussichtspunkt. Höhenunterschied 247 Meter.

● **Cohab Canyon Trail**
Trailhead: Fruita Campground.
Die ersten ca. 500 Meter führt der Weg steil bergauf, um dann den Wanderer wieder bergab in den eigentlichen Cohab Canyon zu leiten. Der Verlauf im Canyon ist dann eher moderat. Zwei Abstecher zu Aussichtspunkten auf das Fruita Valley sind dann wieder steil und anstrengend.
Länge: je nachdem, ob man auch die Aussichtspunkte besucht, 5 bis 7 km.
Höhenunterschied 130 Meter.

● **Chimney Rock Loop**
Trailhead: Chimney Rock Parkplatz am Highway 24 direkt am westlichen Parkeingang.
Zu Beginn führt der Rundweg in steilen Serpentinen auf ein Plateau. Dort angelangt, wird es leichter. Hinweisschilder erklären die Besonderheiten. Schöne Ausblicke auch auf den markanten Chimney Rock.
Länge: 5,9 km (Rundweg), Höhenunterschied: 180 Meter.

● **Rim Overlook Trail / Navajo Knobs Trail**
Trailhead: Hickman Bridge Parkplatz am Highway 24.
Der erste Teil der beiden schwierigen Trails ist identisch. Nach 3,6 km (die erste Hälfte bergauf bis auf über 1.900 Meter, dann wieder hinunter bis auf ca.

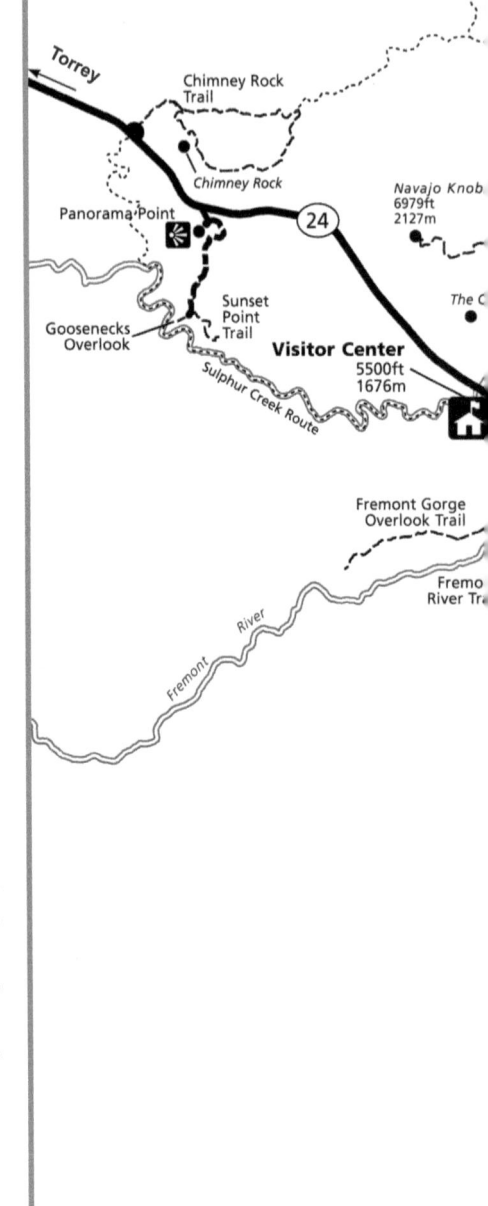

☐ **Haltepunkte Scenic Drive (Seite 42)**

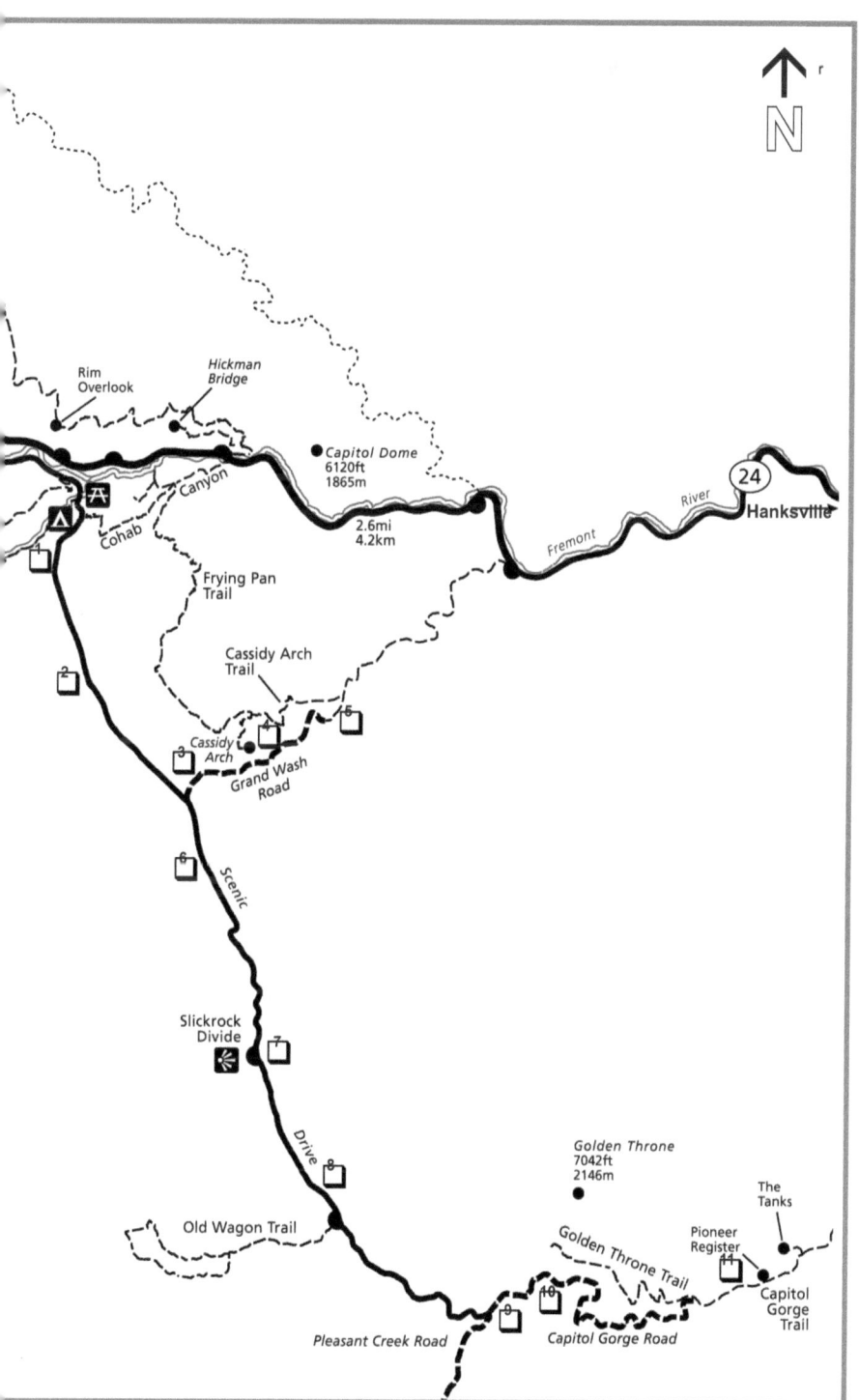

1650 Meter) erreicht der Wanderer den Overlook mit einem schönen Ausblick über den Klippenrand auf das Fruita Tal mit den Plantagen und dem Campground. Wem das noch nicht reicht, der steigt - Kondition vorausgesetzt - weiter bergauf bis zum Gipfel der 2.127 Meter hohen Navajo Knobs und genießt bei schönem Wetter den beeindruckenden Rundumblick über die abwechslungsreiche Landschaft.

Länge: 3,6 km und 340 Meter Höhenunterschied bis zum Rim Overlook, 7,6 km bis zum Gipfel und 500 Meter Höhenunterschied.

- **Old Wagon Trail Loop**

Trailhead: Am Scenic Drive nach etwa 10 km.

Teilweise recht steiler Aufstieg an Pinyon Kiefern vorbei in die Miners Mountains mit schönen Ausblicken auf die gegenüberliegenden Cliffs.

Länge: 6,1 km (Rundweg). Höhenunterschied: 330 Meter.

- **Burro Wash**

Trailhead: Ausgeschilderter Parkplatz an der Notom Bullfrog Road, etwa 7,8 Meilen (12,6 km) südlich vom Abzweig Highway 24 entfernt.

Vom Parkplatz aus folgt man dem Trampelpfad in Richtung Westen. Nach etwa einem Kilometer verengt sich die Schlucht - der Slot Canyon ist erreicht. Je tiefer man in ihn eindringt, desto schwieriger wird es für den Wanderer. Mehrfach muss über Felsen geklettert werden und speziell nach Regenfällen kann es sein, dass mit Brackwasser gefüllte Pools durchwatet oder sogar durchschwommen werden müssen. Jeder muss für sich entscheiden, wie weit er in den Canyon hinein will, welches Risiko er eingehen will. Nach Auskunft der Parkverwaltung können geübte und entsprechend ausgerüstete Kletterer hier bis zu 3,5 Meilen (5,5 km) in die Waterpocket Fold hinein steigen.

- **Cottonwood Wash**

Trailhead: Ausgeschilderter Parkplatz an der Notom Bullfrog Road, etwa 9,1 Meilen (14,6 km) südlich vom Abzweig Highway 24 entfernt. Ähnlich dem Burro Wash, aber anspruchsvoller. Auch hier bestimmt die Klettererfahrung, die Qualität der Ausrüstung und das Wetter, wie weit man in den Slot Canyon hinsteigen kann.

- **Sheets Gulch**

Trailhead: Ausgeschilderter Parkplatz an der Notom Bullfrog Road, etwa 12,7 Meilen (20,4 km) südlich vom Abzweig Highway 24 entfernt. Vielleicht der schönste, aber auf jeden Fall der längste der drei genannten Slot Canyons. Schon 1,4 Meilen (2,2 km) vom Trailhead entfernt, also nach etwa 1/2 Stunde, erreicht der Wanderer die First Narrows. Etwa noch einmal die gleiche Strecke und man steht vor den ersten Pools, deren Durchquerung sicherlich nicht jedermanns Sache ist. Es folgen mehrere Dryfalls, die nicht nur die Beherrschung der Klettertechnik, sondern auch die entsprechende Ausrüstung erfordern. Der „normale" Wanderer sollte also bereits bei den First Narrows umkehren.

- **Upper Muley Twist Canyon**

Trailhead: Für normale PKW auf einem Parkplatz etwa 400 Meter nördlich der Burr Trail Road (Abzweig etwa 1 Meile,

Der Peek-a-Boo Rock mit dem gleichnamigen „Arch".

1,6 km vor bzw. hinter den Switchbacks). Mit 4WD-Fahrzeuge kann die Wanderstrecke noch weitere 2,9 Meilen (4,7 km) befahren fahren.

Der Upper Muley Twist Canyon verläuft parallel zur Waterpocket Fold. Zu Beginn der Anfahrt fällt der Blick nach rechts auf den Peek-a-Boo Arch, eine Öffnung im gewaltigen Fels. Schon nach 2,9 Meilen (4,7 km) endet die für Allrad-Fahrzeuge nutzbare Gravelroad auf einem kleinen Parkplatz. In östlicher Richtung verläuft ein kurzer, etwa 700 Meter langer und mit Cairns (Steinmännchen) gekennzeichneter Weg zum Strike Valley Overlook. Unter sich das Tal mit der Notom-Bullfrog Road, blickt man nach rechts und links auf die imposante Verwerfung, nach vorne, in Richtung Osten, auf die Gipfel der Henry Mountains.

Vom Parkplatz aus führt der Weg ohne größere Probleme weiter durch den schon ansehnlichen Wash und die bunte Felslandschaft. Nach 1,7 Meilen (2,4 km) ist der Saddle Arch erreicht. Hier teilt sich der Weg. Geradeaus geht es weiter durch den Wash, der zunehmend enger und zum Slotcanyon wird. Nach rechts führt der durch Cairns markierte Rim Trail mit immer wieder neuen herrlichen Aussichten, quasi „oben rum". Nach etwa fünf Kilometern treffen beide Routen wieder aufeinander und man kann den anderen Weg als Loop wieder zurückgehen.

Die Wanderstrecke ist vom Parkplatz aus maximal 12 km lang (+ Rückweg!) mit manchmal sehr stellen Passagen.

Karten und Informationen zu allen Touren sind im Visitor Center des Nationalparks erhältlich!

Mountain Biking

● **Scenic Drive**
Bewertung: leicht bis mittelschwer, mit einigen Steigungen.
Länge: 2 bis 35 km.
Oberfläche: Größtenteils asphaltiert. Die Wege im Grand Wash, Capitol Gorge und am Pleasant Creek sind naturbelassen. Einige Abschnitte sind sandig und steinig.

Beschreibung: Der Scenic Drive beginnt am Park Visitor Center und bietet Zugang zu Grand Wash, Capitol Gorge und Pleasant Creek. Da es sich um keine Rundtour handelt, sondern der gleiche Weg zurückgeradelt werden muss, entscheidet jeder selbst, wie weit er fährt. Auf dem Secnic Drive gibt es keine Radwege - daher verstärkt auf den Verkehr (große Wohnmobile!) achten. Die Straße hat einige leichte Steigungen.

● **Cathedral Valley Loop**
Bewertung: anstrengend, mit einigen steilen Abschnitten.
Länge: 90 km.
Oberfläche: Die Route bietet dem Biker eine Vielzahl von Untergründen wie Gravel, Sand und nackten Fels. An einer Furt wird der Fremont River überquert.

Beschreibung: Die Mountain-Bike Tour zum und durch das Cathedral Valley ist eine sehr anspruchsvolle aber auch lohnende Fahrt in einen sehenswerten Bereich des Parks. Wasser zu finden ist sehr schwierig. Extreme Temperaturen in den Sommermonaten machen das Frühjahr und den Herbst zur idealen Reisezeit. Man ist jedoch auf sich gestellt. Bis auf einen einfachen Zeltplatz (kein Wasser!) gibt es keinerlei Einrichtungen - Natur pur. Wasser und Lebensmittel müssen mitgebracht werden. Handyempfang ist kaum möglich. Die Tour führt über steile Hügel und Serpentinen, durch ausgetrocknete Flußläufe (die nach Niederschlägen matschig sind) und streckenweise durch tiefen Sand. Der Zugang zum Cathedral Valley ist vom Highway 24 aus über die Harnet Road (11,7 Meilen östlich vom Visitor Center) oder über die Caineville Wash Road (18,6 Meilen östlich vom Visitor Center) möglich.

Informationen zum Straßenzustand und Landkarten gibt es im Visitor Center. Outfitters in Torrey (siehe Seite 59) bieten geführte Touren in das Cathedral Valley an.

● **South Draw Road**
Bewertung: anstrengende Tour mit sehr steilen Abschnitten.
Länge: Je nach gewählter Route ca. 20 oder 75 km.
Oberfläche: Gravel, Sand und nackter Fels. Mehrere Bäche müssen durchfahren werden.

Beschreibung: Die Tour beginnt auf dem Highway 12, an der Einfahrt zur FR168, etwa auf halber Strecke zwischen Torrey und Boulder. Man folgt der Forest Road (auch Bowns Reservoir Road genannt) bis etwa 800 Meter vor dem Resevoir um dann nach links auf die South Draw Road abzubiegen. Nach einigen Kilometern überquert der Weg die Parkgrenze und stößt auf das mächtige Waterpocket Fold an dessen unterer Kante er sich entlang schlängelt. Nach der Durchfahrt durch den Pleasent Creek erreicht man nach weiteren 2 km auf dem Trail, der nun Pleasent Creek Road heißt, den Scenic Drive des Nationalparks und damit das Ziel - wenn man mit einem Shuttle zum Start gebracht wurde. Alternativ führt der Weg über die Highways 24 und 12 (über 50 km Asphalt!) zurück zum Startort.

Im Winter und auch noch im Frühling kann Schnee in den höheren Lagen diese Strecke unpassierbar machen. Die Bremsen am Bike sollten in einem optimalen Zustand sein, da einige recht steile Abfahrten zu bewältigen sind. Informationen zum Straßenzustand und Landkarten gibt es im Visitor Center. Outfitters in Torrey (siehe Seite 59) bieten einen Shuttleservice und auch geführte Touren an.

● **Burr Trail Road/ Nottom-Bullfrog Road Loop**
Bewertung: Sehr anstrengend mit steilen Passagen.
Länge: ca. 190 bzw. 130 km.
Oberfläche: Die Burr Trail Road ist bis zur Parkgrenze asphaltiert. Danach besteht der Untergrund zumeist aus Gravel oder Sand.

Beschreibung: Der Start ist am Visitor Center des Nationalparks. Von dort aus geht es auf dem Highway 24 in westlicher Richtung bis Torrey, dann auf dem Highway 12 durch die Wälder am Fuße des Boulder Maintain (3.449 m) weiter bis Boulder. Hier beginnt die Burr Trail Road, der vorbei an versteinerten Sanddünen und nach der Überquerung des Deer Creek durch den fast 11 km langen, farbenfrohen und engen Long Canyon führt. Speziell bei einfallendem Sonnenschein leuchtet der Sandstein der steilen Canyonwände in allen Schattierungen von gelbgold bis dunkelrot. Etwa 45 km von Boulder entfernt, ist die Grenze zum Capitol Reef NP erreicht. Aus der Asphalt- wird eine Sandpiste, die sich über einige Kilometer in die Höhen der Waterpocket Fold hinaufwindet. Auf der anderen, östlichen Seite der Verwerfung geht es dann in spektakulären, engen und steilen Serpentinen wieder bergab. Hier sind gute Bremsen und ein vorausschauendes Fahren wichtig.

Im Strike Valley angekommen, erreicht der Burr Trail eine T-Kreuzung. Wir biegen nach links ab und fahren nun in Richtung Norden, immer parallel zu den Klippen der Waterpocked Fold auf der Notom Bullfrog Road. Nach etwa 18 km befindet sich links der Straße der Cedar Mesa Campground (5 Zeltplätze, kein Wasser). Von hier aus führt eine 7,2 km lange Wanderung in den Red Canyon. Die Notom-Bullfrog Road aber verläuft weiter in den Norden und bietet immer wieder spektakuläre Ausblicke auf das Capitol Reef im Westen und die Henry Mountains im Osten. Nach insgesamt rund 170 km erreicht der Biker wieder den Highway 24. In westlicher Richtung sind es noch 20 km zum Ausgangspunkt.

Nutzt man einen PKW-Shuttle bis Boulder, lässt sich die Gesamtstrecke um etwa 60 km verkürzen. Auskünfte im Visitor Center.

US Nationalpark Guide

PKW Touren

● Scenic Drive
(Karte Seite 36/37)

Die Tour führt über den asphaltierten Scenic Drive mit jeweils einem Abstecher in den Grand Wash und in den Capitol Gorge. Die beiden Abstecher sind zwar nicht asphaltiert, die Gravelroads können aber auch vorsichtig mit einem PKW befahren werden. Die Self-Guided Driving Tour bietet 11 beschilderte Stopps, an denen geparkt und die nähere Umgebung erforscht werden kann. Eine Broschüre zur Tour in englischer Sprache ist im Visitor Center erhältlich, wo auch der Startpunkt ist.

Stopp 1 - Fels-Formationen
Die meisten Felsen im Capitol Reef Nationalpark sind Sedimentgesteine, also Ablagerungen aus einstmals losen Materialien wie Schlamm und Sand, die im Laufe der Zeit zu verschiedenen Schichten zusammen gepresst wurden. Geologen klassifizieren diese Gesteinsschichten in verschiedenen Formationen (siehe Seite 18/19). Durch die Verwerfung des Waterpocket Fold sind diese Schichten in den umliegenden Felsen deutlich sichtbar. Die hier erkennbaren, relativ schmalen und rötlichbraunen Schichten werden der Moenkopi-Formation zugeordnet. Sie entstanden vor etwa 225 Millionen Jahren in einem feuchten, tropischen Klima durch Ablagerungen in ruhigen Gewässern. Die Moenkopi-Formation durchzieht fast den gesamten Südwesten der USA (Colorado, New Mexico, Arizona, Nevada und Utah). Die grauen bis bordeaux-roten Schichten oberhalb der Moenkopi-Formation sind der

Die Erosion veränderte und verändert auch heute noch das Bild des Capitol Reef Nationalparks.

Chinle-Formation zuzuordnen. Hier sind sie vulkanischen Ursprungs (Asche und Geröll) und reich an versteinertem Holz. Die Chinle-Formation bildete sich vor etwa 200 Millionen Jahren und man findet sie ebenfalls in den o.g. SW-Staaten.

Stopp 2 - Waterpocket Fold

Dieser Halt bietet einen guten Überblick auf die zerklüftete westliche Kante der Waterpocket Fold. Die Verschiebung hat hier die in Farbe, Stärke und Textur unterschiedlichen Sedimentgesteinsschichten auf eindrucksvolle Weise freigelegt. Im Laufe der Zeit haben sich die Konturen der 160 km langen und bis zu 2.000 Meter hohen Verwerfung immer wieder verändert. Erosion durch Wind und Wasser hat an ihr gearbeitet. Frost und Pflanzenwurzeln haben ganze Felsen regelrecht gesprengt. Es entstande Schluchten und Steinbögen. Regen- und auch Schmelzwasser haben kleine und große „Taschen" aus dem Gestein gewaschen - daraus ergab sich der Name „Waterpocket Fold". Und so hat die Natur über Jahrtausende hinweg diese einmalige und sehenswerte Landschaft geschaffen.

Stopp 3 - Grand Wash

Fast 2 km kann der spektakuläre Canyon mit Fahrzeugen, die nicht länger als 27 ft. sind, befahren werden. Die Gravelroad ist meist in einem guten Zustand - außer nach extremen Regenfällen. Wer Probleme mit der Mietwagenversicherung befürchtet, kann den Grand Wash auch auf Schusters Rappen erforschen.

Gleich am Anfang des Grand Wash befinden sich, an der nördlichen Steilwand tief unten, fast am Canyonboden, zwei schwarze Löcher im hellgrauen Gestein (Chinle Formation). Es handelt sich um die Eingänge der Oyler Mine, in der ab 1901 nach Gold und Silber gesucht und später, in den 1920er Jahren, Uran für medizinische Zwecke gefördert wurde. Beide Schächte sind heute vergittert, so dass nur noch die dort lebenden Fledermäuse in die Mine hinein können.

Stopp 4 - Cassidy Arch

Nach etwa 1 km windet sich der Grand Wash am Cassidy Arch vorbei. Die natürliche Steinbrücke am oberen Ende der steilen Klippen im Norden ist vom Boden des Canyon kaum auszumachen, da der Hintergrund massiver Wingate-Sandstein ist. Ein Wanderweg (siehe auch Seite 34) führt vom Parkplatz am Ende des befahrbaren Canyonteils hinauf zum Arch, der tatsächlich nach dem berühmt-berüchtigten Outlaw Butch Cassidy benannt wurde, der sich am Ende des 19. Jahrhundert hier, in der nur schwer erreichbaren Gegend, vor der Staatsmacht versteckt haben soll.

GPS: 38°15'40"N 111°13'31"W

Stopp 5 - Lebensraum Grand Wash

Auch, wenn in der tiefen Schlucht der Sandstein dominiert und alles recht wüst aussieht, so gibt es im Grand Wash doch eine rege Vegitation. Nach starken Regenfällen ist der Canyonboden regelmäßig überflutet und das Wasser ist die Grundlage für das Wachstum in diesem speziellen Ökosystem. Anspruchslose Sträucher wie der, in den Wüstengebieten Nordamerikas beheimatete, gelbblühende Rabbitbrush (Chrysothamnus) oder die Apache Plum (Fallugia paradoxa), die zur Familie der Rosengewächse zählt, gedeihen hier prächtig. Die senkrechten schwarzen Streifen an den steilen Wänden des Canyons nennt man Desert Varnish (Wüstenlack). Es handelt sich dabei um Mangan- und Eisen-Oxide, die vom Regenwasser oder Morgentau aus dem Fels extrahiert werden. Das Wasser verdunstet und die Metalle lagern sich als dunkle Schicht auf der Außenseite der Felswand ab.

Stopp 6 - Erosion
Zurück auf dem Scenic Drive führt die Tour nun durch einen älteren, tieferen Teil der Moenkopi Formation. Östlich der Straße liegen große Felsbrocken aus Wingate Sandstein, die die Erosion aus der dahinterliegenden Verwerfung heraus gebrochen hat. Im Westen fällt der Blick auf den Miners Mountain.

Stopp 7 - Wasserscheide
Hier trennen sich - nein, nicht die Geister, sondern die Wassermassen, die bei den starken Sommergewittern im Capitol Reef Nationalpark vom Himmel fallen. Durch den felsigen Untergrund können die Niederschläge nur schwer versickern - sie laufen an der Oberfläche ab. Nordlich der Wasserscheide über den Grand Wash, im südlichen Teil durch den Capitol Gorge. Da es hier bei starken Regenfällen immer zu Flash-Floods kommen kann, sollte man beide Canyons bei entsprechender Witterung unbedingt meiden.

Stopp 8 - Shinarump
Der Capitol Reef Nationalpark ist ein wahres Eldorado für jeden Geologen. Östlich vom Haltepunkt sind die unterschiedlichen Gesteinsschichten der Verwerfung auch für den Laien sehr deutlich zu erkennen. Ganz oben sind die Ergebnisse der Erosion zu sehen. Die Hoodoos und Pinnacles bestehen aus Wingate Sandstone. Die sie umgebenden weicheren Sandsteinschichten wurde im Laufe der Zeit von Wind und Wetter abgetragen. Die gelblich-graue, etwa 10 Meter starke Schicht unmittelbar darunter besteht aus Kieselsandstein und gehört zur Shinarump Member. Die Schicht entstand aus den Sedimenten eines Flusses, der irgendwann in grauer Vorzeit hier versandet ist. Eine weitere Shinarump Formation ist um den Eingang zur Oyler Mine (Stopp 3) zu sehen - hier jedoch nur um die 3 Meter stark.

Stopp 9 - Capitol Gorge
Der Capitol Gorge Canyon ist länger und verwinkelter als der Grand Wash. Trotzdem war er von 1884 bis 1962 die einzige Verbindungsstraße durch den Waterpocked Fold in Ost-westlicher Richtung. Heute endet die Fahrt vom Scenic Drive schon nach ein paar Meilen. Bis zum Parkplatz aber führt die Gravelroad vorbei an den steilen Wingate Sandstein Wänden. Mit ein wenig Glück sind auf den Felsvorsprüngen der Kayenta Formation Desert Bighorn Schafe zu sehen. Diese waren hier früher sehr stark vertreten, wurden aber durch die Jagd und durch Krankheiten, die von den Hausschafen der Siedler übertragen wurden, vollständig ausgerottet. Erst Mitte der 1990er Jahre

Auch um 1930 war die Fahrt durch die Capitol Gorge Schlucht schon ein Abenteuer.

die an dieser Stelle bis zu 400 Meter dick war. Wie der Wingate bildete sich auch der Navajo-Sandstein aus riesigen Sanddünen vorzeitlicher Wüsten. Aus dem relativ weichen Navajo-Sandstein aber schuf die Erosion die typischen Kuppeln, die mit etwas Phantasie an das Kapitolgebäude des Landes erinnern. Unter dem Navajo Sandstein ist deutlich die dunklere und bis zu 100 Metern dicke Kayenta Formation auszumachen, die sich wiederum vom darunter liegendem Wingate Sandstein abhebt.

setzte der National Park Service wieder einige Bighorn Schafe aus, die sich prächtig vermehrten.

Stopp 10 - Navajo Sandstein

An dieser Stelle ist der Capitol Gorge Canyon so schmal, dass kein Parkplatz angelegt werden konnte. Daher möglichst weit rechts parken. Der gerundete weiße Felsen auf der linken Seite ist der Navajo-Formation zuzuordnen,

Stopp 11 - Pioneer Register

Am Ende des befahrbaren Teils des Capitol Gorge und damit am Ende der Tour befindet sich das auf Seite 31 beschriebene Pioneer Register.

US Nationalpark Guide

● Cathedral Valley Loop

Das Cathedral Valley ist sicherlich einer der Höhepunkte im Captitol Reef Nationalpark. Da es aber abseits der Durchgangsstraße weit im Norden des Parks liegt und nur über Schotterpisten und mit Fahrzeugen, die über eine erhöhte Bodenfreiheit verfügen, errreichbar ist, verirren sich hierher nur wenige Besucher.

Hier zeigt sich der Capitol Reef Nationalpark von einer ganz anderen Seite. Im Cathedral Valley hat die Erosion im Laufe von Jahrtausenden den weichen Sandstein vollkommen weggeschliffen und nur die harten Schichten stehen gelassen, die nun, mächtigen gotische Kathedralen gleich, als freistehende Monolithen in den Himmel ragen. Besonders im warmen Licht der aufgehenden bzw. untergehenden Sonne leuchten die Felsen in prächtigen hellbraun bis dunkelroten Farben.

Sowohl der Lower South Desert Overlook als auch der Upper Cathedral Valley Overlook bieten phantastische Überblicke auf die spektakulären Felsformationen des Cathedral Valley mit Namen wie Walls of Jericho oder der Temple of the Sun sowie der Temple of the Moon. Vom Lower South Desert

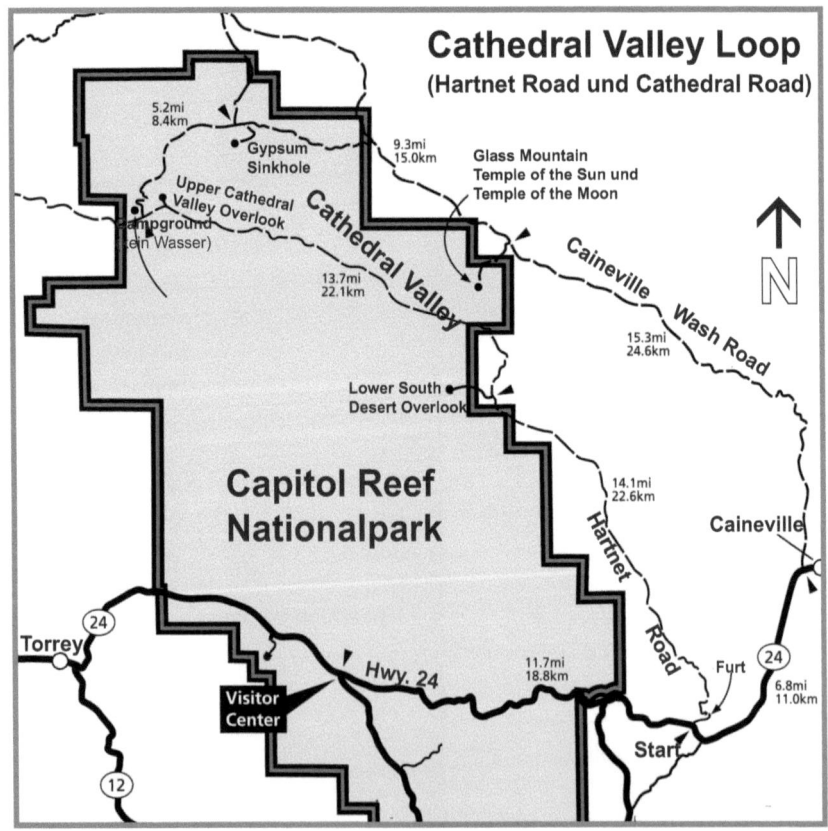

Eindrucksvolle Überreste der über Jahrtausende währenden Erosion im spektakulären Cathedral Valley.

Overlook fällt der Blick wie magisch angezogen auf den Entrada-Sandstein des wuchtige Jailhouse Rock - mit über 150 Metern so hoch wie der Kölner Dom.

Das Cathedral Valley ist das ganze Jahr über geöffnet. Allerdings können problematische Wetterverhältnisse die Anfahrt erschweren oder ganz unmöglich machen. Daher ist es unumgänglich, sich vor dem Beginn der Tour bei den Rangern im Visitor Center nach dem Straßenzustand und dem zu erwartenden Wetter zu erkundigen.

Es ist sinnvoll, die rund 95 km lange Schleife im Uhrzeigersinn zu befahren. Der eigentliche Loop beginnt bei der Abfahrt vom Highway 24 in nördlicher Richtung auf die unbefestigte Hartnet Road, etwa 11,7 Meilen (18,8 km) westlich vom Visitor Center.

Schon knapp 200 Meter später trifft die Gravelroad auf ein erstes Hindernis, den Fremont River. Bei Wasserständen bis ca. 50 cm und einem Fahrzeug mit entsprechender Bodenfreiheit und Allradantrieb sollte die Querung des Flusses an der Furt kein Problem sein.

US Nationalpark Guide

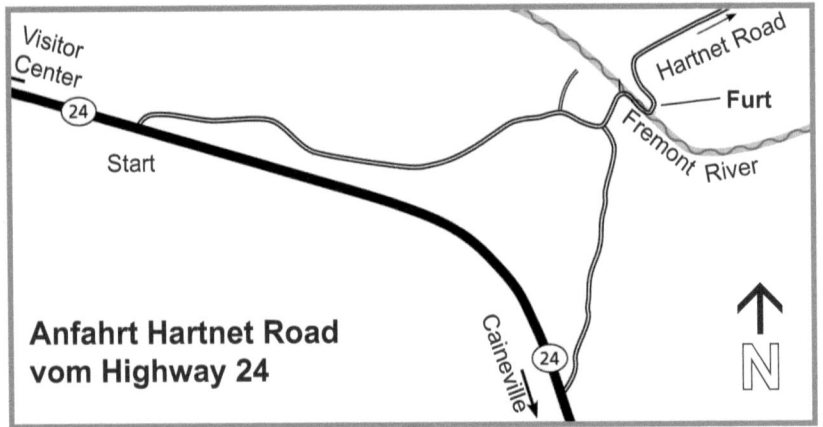

Anfahrt Hartnet Road vom Highway 24

Auch diesbezüglich geben die Park Ranger im Visitor Center gerne Auskunft. Ängstliche Zeitgenossen krempeln die Hosenbeine hoch und erkunden die Furt vorab zu Fuß.

Weniger spannend sind die nächsten Kilometer auf der Hartnet Road. Das Durchqueren des ein oder anderen, meist trockenen Washs erfordert jedoch immer die volle Aufmerksamkeit des Fahrers.

Die farbenprächtigen Betonite Hills nach etwa 9 Meilen (14 km) entstanden vor tausenden von Jahren durch die Verwitterung vulkanischer Asche. Bei Nässe wird der Untergrund sehr rutschig, sodass die Betonite Hills dann weitestgehend unpassierbar sind.

Nach weiteren fünf Meilen (8 km) bietet sich ein Foto-Stopp am Lower South Desert Overlook an mit Blick auf den spektakulären Jailhouse Rock. Die alte Straße hinab ins Tal ist jedoch für Fahrzeuge aller Art gesperrt und nur für Wanderer und Reiter passierbar.

Dagegen lohnt ein Stopp am spartanischen Cathedral Valley Campground nur, wenn man hier die Nacht verbringen oder an den Picknicktischen eine kurze Rast einlegen will.

Hoch im Norden des Cathedral Valley führt eine kurze Stichstraße zum Gypsum Sinkhole, einem wenig spektakulären „Loch". Es entstand, nachdem das Grundwasser hier eine Höhle ausgespült hatte, deren Decke dann irgendwann zusammengebrochen ist. Übrig blieb diese Doline mit etwa 15 Metern Durchmesser und einer Tiefe von angeblich 60 Metern. Achtung, die Ränder sind sehr instabil und können jederzeit nachgeben.

Zurück geht es über die Caineville Wash Road. Nach insgesamt 42,5 Meilen (68 km) führt eine kurze Stichstraße in Richtung Westen in das Lower Cathedral Valley mit seinen Highlights, dem Temple of the Sun, dem Temple of the Moon sowie dem Glass Mountain. Aus der Nähe betrachtet wirken die eindrucksvollen Monolithen aus Entrada-Sandstein noch mächtiger. Ganz anders dagegen der eher unscheinbare Glass Mountain. Mit nur 4-5 Metern Höhe macht der „Mountain" auf den ersten Blick nicht viel her. Schaut man aber genauer hin, besteht der kleine Hügel aus unzähligen Selenit-Kristallen - auch Lapis specularis oder Spiegelstein genannt - die in der Sonne funkeln. Es handelt sich dabei um Gips-Kristalle, die sich vor 165 Millionen Jahren hier am Boden eines damaligen Meeres ablagerten, von Sedimenten begraben wurden und erst durch die Verwerfung und die folgende Erosion im Laufe der Zeit wieder freigelegt wurden.

Zurück auf dem Loop gilt es sich wieder auf den Straßenzustand zu konzentrieren. Immer wieder müssen steinige oder sandige Washs durchquert werden. Der Caineville Wash wird sogar einige Male durchfahren. Die letzten Kilometer geht es durch die Ausläufer der bunten Bentonite Hills und immer parallel zum eher grauen North Caineville Reef.

Eine Alternative wäre die Fahrt nur über die Caineville Wash Road (Zufahrt bei Milemaker 98 des Highway 24 - also gegen den Uhrzeigersinn) z.b. bis zum Lower Cathedral Valley oder weiter und auf dem gleichen Weg retour. Damit erspart man sich die Fahrt durch den wasserführenden Fremont River.

Im Visitor Center sind entsprechende Landkarten und eine Broschüre mit dem Titel „Cathedral Valley - Self Guiding Auto Tour" erhältlich.

Vorsichtsmaßnahmen: Reserverad und entsprechendes Werkzeug sind Pflicht! Ausreichend Getränke und Lebensmittel mitnehmen, da Handyempfang auf dem Loop nur eingeschränkt möglich ist und man wegen der Einsamkeit im Notfall ganz auf sich selbst gestellt ist.

Entfernungen Cathedral Valley Loop

Über die Hartnet Road (im Uhrzeigersinn)

Hwy 24 bis Lower South Desert Overlook	15,2 Meilen (24,5 km)
Hwy 24 bis Upper South Desert Overlook	27,2 Meilen (43,7 km)
Hwy 24 bis Hartnet Junction	27,8 Meilen (44,7 km)
Hwy 24 bis Cathedral Valley Campground	28,1 Meilen (45,2 km)

Über die Cainville Wash Road (entgegen dem Uhrzeigersinn)

Hwy 24 bis Temple of the Moon	17,1 Meilen (27,5 km)
Hwy 24 bis Oil Well Bench Road	20,5 Meilen (33,0 km)
Hwy 24 bis Gypsum Sinkhole	25,6 Meilen (41,1 km)
Hwy 24 bis Baker Ranch Road Kreuzung	24,6 Meilen (39,6 km)
Hwy 24 bis Hartnet Road Junction	29,9 Meilen (48,0 km)

● Waterpocket Fold Loop

Der Waterpocket Fold Loop ist eine 124 Meilen (200 km) lange Rundfahrt durch das spektakuläre südliche Hinterland des Capitol Reef Nationalparks. Ein Großteil der Strecke ist nicht asphaltiert, ein Fahrzeug mit Alllradantrieb (High Clearance) also von Vorteil. Bei guten und stabilen Wetterverhältnissen ist die Fahrt aber nach Absprache mit den Park Rangern auch mit einem normalen PKW möglich. Der Fahrer sollte sich auf seinen gesunden Menschenverstand verlassen und keine unnötigen Risiken eingehen.

Wie so oft beginnt die Tour am Visitor Center des Nationalparks. Es folgen 9 Meilen (15 km) auf dem Highway 24 in östlicher Richtung, vorbei an den historischen Obstplantagen, den weitaus älteren Petroglyphen, bis zur Abfahrt auf die Notom Bullfrog Road. Auf dieser geht es südwärts weiter. Vorbei an der verlassenen Ortschaft Notom, an die heute nur noch eine handvoll einsamer Gräber erinnert. Das fruchtbare Gelände am Pleasant Creek wird noch heute landwirtschaftlich genutzt.

Die Straße, die nur die ersten Kilometer asphaltiert ist, verläuft nun parallel zum Waterpocket Fold und bietet immer wieder spektakuläre Ausblicke auf die geologische Verwerfung. Diese einseitige Anhebung der Erdkruste, vom Thousend Lake Mountain im Norden bis hin zum Lake Powell ist ein hervorragendes Anschauungsbeispiel für die Faltung von Gesteinsschichten.

Immer wieder verlassen Wanderwege die Straße und führen zu den verschiedenen Canyons der Verwerfung, die vom Schmelzwasser in die Felsen hineingeschnitten wurden. Sie heißen u.a. Fivemile Wash, Sheets Gulch oder Cotenwood Wash und sind mehr oder weniger enge und anspruchsvolle Slot Canyons, die tief in die spektakulären Sandsteinformationen hineinführen. Wie bei allen Canyons sollten auch hier die entsprechenden Vorsichtsmaßnahmen beachtet und die Begehung mit den Park Rangern abgesprochen werden.

Etwa 20 Meilen (32 km) nach Verlassen des Highway 24 führt rechter Hand eine kurze Stichstraße zum spartanischen Campground Cedar Mesa. Und nach weiteren 11 Meilen (17,6 km) durch das Strike Valley verlässt der Loop die Notom Bullfrog Road und biegt nach rechts ab auf die historische Burr Trail Road. Schon 1876 nutzte der Siedler John Atlantic Burr dieses Strecke um seine Rinder im Frühjahr aus dem Tal des Colorado River auf die hochgelegenen Weiden bei Boulder zu treiben. Im Herbst ging es den gleichen Weg dann retour. Burr erblickte 1846 das Licht der Welt an Bord der SS Brooklyn - daher sein aussergewöhnlicher zweiter Vorname.

Schon wenige Meter nach der Abzweigung windet sich der Burr Trail in zahlreichen Serpentinen (Switchbacks) die Waterpocket Verwerfung hinauf. Die Erosion hat hier eine große Kerbe in den Navajo-Sandstein geschnitten, so dass der Weg großzügig in weiten Kehren angelegt werden konnte. Obwohl die nicht asphaltierte Straße bei gutem

Wetter auch mit einem normalen PKW bewältigt werden kann, ist die Steigung bei Regen oder gar bei Schnee und Eis oft selbst für Fahrzeuge mit Allrad-Antrieb unpassierbar.

Oben angekommen lohnt es sich anzuhalten - der Ausblick nach Osten bis hin zu den meist schneebedeckten Gipfeln der Henry Mountains ist grandios. Wenige hundert Meter weiter zweigt nach Norden der Weg zum Trailhead des Upper Muley Twist Canyon ab (Siehe auch Seite 38). Die 2,9 Meilen lange Strecke in und durch den kurvenreichen, pittoresken Wash kann erwandert oder auch mit einem 4WD-Fahrzeug (High-Clearance) erkundet werden. Am Ende der befahrbaren Strecke führt ein kurzer, markierter Wanderweg zum spektakulären Strike Valley Overlook.

Auf der anderen Seite der Waterpocket Fold säumen mehr oder weniger eng beieinander stehende Pinyon-Kiefern und Wacholder Bäume (Juniper) den Burr Trail. Ein Blick zurück zeigt die vielfältige Farbenpracht auf der zerklüfteten Westseite der Verwerfung.

Dann fällt der Trail in den engen, fast 7 Meilen (11,3 km) langen Long Canyon hinein. Die steilen, teils fast senkrechten Wände der engen Schlucht sind aus Wingate-Sandstein und strahlen in den unterschiedlichsten Farbtönen. Teilweise ist der oft dunkelrote Sandstein vom Wasser regelrecht ausgewaschen und hell, fast weiß. Nur wenige Meter weiter setzt wiederum der schwarze Wüstenlack (Black Desert Varnish) eindrucksvolle Akzente.

Etwa 10 Meilen (16 km) vor Boulder endet der Long Canyon und die Burr Trail Road erreicht die Ausläufer der Boulder Mountains. Rechts und links der Straße prägt nun wieder der helle Navayo-Sandstein die Landschaft. Dieser besteht aus ehemaligen Sanddünen, die vor Millionen von Jahren zu felsartigem Sandstein zusammengepresst wurden. Und mit ein wenig Phantasie kann man die verwehten Dünen in den umliegenden Hügeln und Kuppeln noch erkennen.

Irgendwann dann wieder erste Anzeichen von Zivilisation - Pferdekoppeln, Weiden und Felder. Die Burr Trail Road endet in Boulder am Highway 12. Hier gibt es einige Lokalitäten, die zur Einkehr einladen. In Richtung Norden führt die Straße nach Torrey und von da aus über den Highway 24 zurück zum Ausgangspunkt.

US Nationalpark Guide

Unterkünfte

Im Park

Innerhalb des Capitol Reef NP gibt es für Touristen keine festen Unterkünfte. Allerdings stehen den Besuchern drei Campingplätze zur Verfügung, von denen allerdings nur der Fruita Campground für Wohnmobile geeignet ist.

● **Fruita Campground**
Der zentralgelegene Campingplatz unmittelbar neben der Gifford Farm kann sowohl mit Wohnwagen und Wohnmobilen, als auch mit Zelten (Loop B und C) genutzt werden. Es gibt 71 Stellplätze, die mit Picknicktischen und Feuerstellen ausgestattet sind. Toiletten und Trinkwasser stehen zur Verfügung. Die Stellplätze können nicht im voraus reserviert werde. Es gilt das „first come, first serve"-Prinzip. Die Kosten je Übernachtung liegen bei 20,- $. Ruhezeit von 22:00 bis 06:00 Uhr. Die meisten Stellplätze in den Loops A und B reichen für bis zu 40 ft lange Wohnmobile, die Plätze in Loop C sind bis zu 52 ft lang.

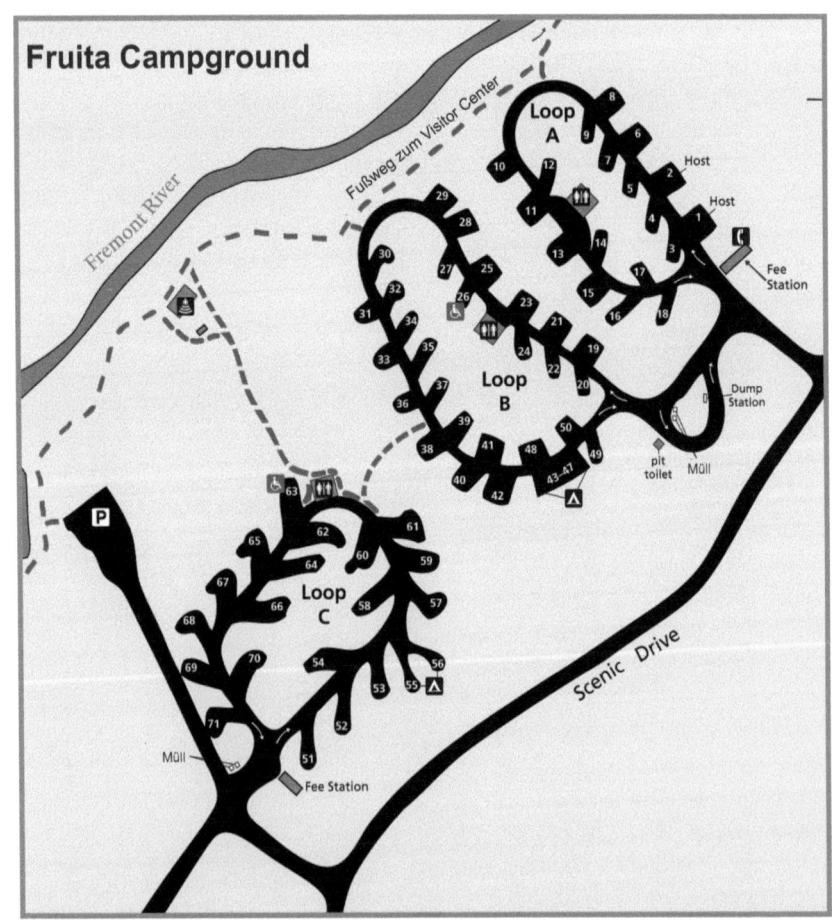

Blick auf den von Obstplantagen gesäumten Loop C des Fruita Campgrounds.

- **Cathedral Valley Campground**
Etwa 58 km vom Visitor Center entfernt an der Cathedral Valley Loop Road auf 2.133 m Höhe. Ganzjährig geöffnet. Einfacher Zeltplatz mit 6 Stellplätzen, Picknicktische, Feuerstellen und Plumpsklo vorhanden. Kein Wasser! Die Zeltplätze sind kostenlos, ein Backcountry Permit (kostenlos im Visitor Center erhältlich) ist erforderlich.

- **Cedar Mesa Campground**
Ganzjährig geöffnet. 37 km südlich vom Hwy 24 an der der Notom-Bullfrog Road. Einfacher Zeltplatz auf 1.676 m Höhe, mit 5 Stellplätzen. Picknicktische, Feuerstellen und Plumpsklo vorhanden. Kein Wasser! Die Zeltplätze sind kostenlos, ein Backcountry Permit (kostenlos im Visitor Center erhältlich) ist erforderlich. Der Zeltplatz ist Startpunkt für die 7,2 km lange Wanderung (Roundtrip) in den Red Canyon, vorbei an kleinwüchsigen Pinyon-Kiefern und Wacholderbüschen.

Außerhalb des Parks

BICKNELL

Kleiner Ort mit knapp 350 Einwohnern im Rabbit Valley zwischen dem Dixie National Forest und dem Fishlake National Forest. Bicknell bis zum Visitor Center des Capitol Reef NP sind es etwa 25 km.

Hotels / Motels
- in 84715 Bicknell

Aquarius Motel
292 West Main Street
Tel. 435-425-3835
reservations@aquariusinn.com
www.aquariusinn.com
30 Zimmer, Indoor-Pool, Fitnessraum, Waschküche, Restaurant.

Sunglow Motel & Restaurant
63 East Main Street
Tel. 435-425-3821
15 Zimmer, Restaurant.

Campingplatz
- in 84715 Bicknell

● **Aquarius Campground**
220 South 100 East
Tel. 435-425-3835
www.aquariusinn.com
12 Full-Hook-up Stellplätze.

LOA

Noch einmal 12 km weiter vom Nationalpark entfernt als Bicknell, dafür aber mit 560 Einwohnern ein wenig größer.

Motel
- in 84747 Loa

The Snuggle Inn
55 South Main Street
Tel. 877-505-1936
www.thesnuggleinn.com
15 Zimmer, Pizzeria

TORREY

Das sympatische Städtchen Torrey, an der Kreuzung der Highways 12 und 14, knapp 10 km westlich des Capitol Reff NP wurde um 1880 von Mormonenpionieren besiedelt. Mit der Eröffnung der Poststation 1898, wurde der Ort nach dem Parlamentsabgeordneten Jay L. Torrey benannt. Die Höhe von 2.000 Metern über dem Mehresspiegel lassen die Temperaturen, die im Sommer schon mal über 30 C ansteigen im Winter auf bis zu -20 C fallen. Die heute rund 150 Einwohner - denen drei Kirchen zur Verfügung stehen - leben größtenteils vom Tourismus. Urige und außergewöhnliche Cafes und Restaurants laden zur Einkehr ein.

Hotels / Motels
- in 84775 Torrey

● **Austin's Chuckwagon Motel**
12 West Main Street
Tel. 800-863-3288 u. 435-425-3335
Fax 435-425-3434
www.austinschuckwagonmotel.com
Geöffnet vom 1. März bis 30. November, 24 Räume mit TV und ganz auch ansprechende Kabins (zwei Schlafzimmern). Pool und Whirlpool. Waschsalon und Bäckerei.

● **Capitol Reef Resort**
2600 East Hwy 24
Tel. 435-425-3761
info@capitolreefresort.com
www.capitolreefresort.com/
Ganzjährig geöffnet, 100 Zimmer, beheizter Outdoorpool (April - September) und Whirlpool, free Wifi. Die Lage zwischen Torrey und dem NP bedingt spektakuläre Aussicht auf den Park.

● **Boulder View Inn**
315 West Main Street
Tel. 435-425-3800
Fax 435-425-3366
Kleines Motel mit 12 ebenerdigen Einheiten. Klimaanlage, Farb-TV in allen Zimmern. Internetzugang, Continental Breakfast.

● **Broken Spur Inn**
955 East SR24
Tel. 435-425-3775
Fax 435-425-3732
info@brokenspurinn.com
www.brokenspurinn.com

Motel im Western Style, Indoor-Pool und Whirlpool, free Wifi, Flat Screen TV, Free hot Breakfast.

● **Capitol Reef Inn & Cafe**
360 West Main Street
Tel. 435-425-3271
cri@capitolreefinn.com
www.capitolreefinn.com
Von April bis Oktober geöffnet. 10 großzügige ruhige Räume im „Southwest-Decor" eingerichtet. Satelliten TV, Kühlschrank in jedem Raum, Jacuzzi. Wifi im Cafe.

● **Days Inn Capitol Reef**
Junction Hwy 12 and Hwy 24
Tel. 435-425-3111
Fax 435-425-3112
www.daysinn.com/hotels/utah/torrey/days-inn-torrey-capital-reef/hotel-overview
39 großzügige Räume mit Farb-TV, Fön und Bügeleisen. Indoor- und Whirlpool, „Free Continental Breakfast", freies Wifi.

● **Red Sands Hotel**
670 East Hwy 24
Tel. 435-425-3688
staff@redsandshotel.com
www.theredsandshotel.com
Neues Hotel, Indoor-Pool und Whirlpool, free Wifi, Flat Screen TV, Free hot Breakfast, Microwelle und Kühlschrank, Buggy Verleih.

● **Rim Rock Inn**
2523 East Hwy 24
Tel. 888-447-4676 u. 435-425-3398
Fax 435- 425-3378
reservations@therimrock.net
www.therimrock.net
Geöffnet von März bis Dezember. Liegt sehr nahe am Capitol Reef Parkeingang, free Wifi, free Continental Breakfast, TV.

Bed and Breakfast
- in 84775 Torrey

● **Skyridge Bed and Breakfast Inn**
950 East Hwy 24
Tel. 435-425-3222 u. 435-491-0810
info@skyridgeinn.com
www.skyridgeinn.com
Ganzjährig geöffnet. Sechs aparte Gästezimmer, davon zwei mit Whirlpool. Umfangreiches Frühstück.

● **Torrey Pines Bed & Breakfast Inn**
Scenic Hwy 12, 250 S. Pine Drive
Tel. 435-425-3401
torreypinesinn@color-country.net
www.torreypinesinn.com
Ganzjährig geöffnet. Drei luxuriöse Suites im Haupthause inkl. Frühstück. Zweiraum Cottage mit Kitchenette. Luxuriöse Ferienwohnung mit Küche, Waschmaschine und Trockner.

● **Torrey Schoolhouse Bed & Breakfast Inn**
150 N. Center Street
Tel. 435-633-4643 u. 435-491-0230
torreyschoolhousebb@gmail.com
www.torreyschoolhouse.com
Von April bis Oktober geöffnet. Renoviertes altes Schulgebäude von 1914 mit zehn eleganten und komfortablen Suiten. Exklusives „hot Breakfast".

Cabins
- in 84775 Torrey

● **Torrey Trading Post & Cabins**
25 West Main Street
Tel. 435-425-3716
Fax 435-425-3917
torrey@torreytradingpost.com
www.torreytradingpost.com
Ganzjährig geöffnet. Komplett möblierte Cabins mit zwei großen Betten, TV & Heizung. Gift-Shop.

- **Cowboy Homestead-Luxury Cabins**
Hwy 12, 3 Meilen südl. von Torrey
Tel. 888-854-5871 u. 435-425-3414
info@CowboyHomesteadCabins.com
www.cowboyhomesteadcabins.com
Ganzjährig geöffnet. Luxuriöse Cabins mit Bädern, voll eingerichteten Kitchenetten. Gift Shop. Horseback riding möglich.

Campgrounds
- in 84775 Torrey

- **Thousand Lakes RV Park**
Hyw. 24 am westl. Ortsende
Tel. 435-425-3500 u. 800-355-8995
Fax: 435-425-3510
reservations@thousandlakesrvpark.com
www.thousandlakesrvpark.com
Geöffnet vom 1. April bis 25. Oktober. Gepflegte Stellplätze mit Picknicktischen, Feuerringen, freiem Wifi und einer schönen Aussicht auf die Thousand Lakes Mountains und die Boulder Mountains. Full Hook-up. Zeltplätze, Spielplatz und Pool vorhanden. Zusätzlich können Cabins gemietet werden. Regelmäßige „Western Cookouts". Frische Muffins können am Vortag bestellt werden. Der CG vermietet auch 4x4-Fahrzeuge (Jeep).

- **Wonderland Resort RV Park**
44 South HWY 12
Tel. 435-425-3665 u.877.854.0184
Fax 435-425-3346
www.capitolreefrvpark.com
Zentrale Lage. Saubere Anlage. Full Hook-up, Free Wifi, Cabins, ein Planwagen (Authentic Sheep Camp) kann zur Übernachtung gemietet werden.

- **Sand Creek RV Park**
540 Highway 24
Tel. 435-425-3577
torreysandcreek@gmail.com
www.sandcreekrv.com
Geöffnet von 1. März bis 31. Oktober,
12 Full hook-up Plätze, windgeschützte Plätze für Zelte. Picknicktische, Feuerringe, Waschküche, Espresso-Bar, Gift-Shop.

CAINEVILLE

Caineville, das von einigen Internetseiten schon als Ghosttown bezeichnet wird, als Städtchen zu beschreiben ist masslos übertrieben. Der Ort östlich des Capitol Reef NP, besteht aus einigen noch bewirtschafteten, aber auch aus schon verlassenen Farmen am Highway 24 und dem Motel, das wohl nur durch die Nähe zum NP hier existieren kann.

Hotel / Motel
- in 84775 Cainville

- **Caineville Cove Inn**
25 E Hyw. 24, Mile Maker 99
Tel. 435-456-9900 u. 435-456-9133
Fax 435-456-9142
www.choicehotels.com/utah/caineville/rodeway-inn-hotels/ut151
Ein Motel der Rodeway-Inn-Gruppe. 16 Räume mit Mikrowelle und Kühlschrank. 100% Nichtraucherzimmer, Swimming- und Whirlpool.

Campground
- in 84775 Cainville

- **Sleepy Hollow Campground**
3000 South Hwy. 24 East (Hwy24)
Tel. 435-456-9130
30 Stellplätze, ganzjährig geöffnet, Wasser, Duschen, Toiletten, Dump Station.

HANKSVILLE

Am Zusammenfluss von Fremont River und Muddy River liegt das kleine Hanksville. Gegründet 1882 erreichte schon ein Jahr später die legendäre Pony-Express die Siedlung. Zwei Jahre später erhielt der Ort seinen heutigen Namen. Elektrischer Strom wurde erst Anfang der sechziger Jahre hierhin verlegt, seit 1999 ist Hanksville - mit aktuell knapp 200 Einwohnern - eine selbstverwaltete Stadt. Heute treffen hier der Highway 24 und der Highway 95 aufeinander. Dieser Zustand macht den ansonsten eher trostlosen Ort, für die Wassersportler interessant, die auf dem Lake Powell ihrem Hobby frönen wollen. An drei Tankstellen können Boote, Jet-Ski und Zugwagen aufgetankt und die Kühlboxen aufgefüllt werden.

Hotels / Motels
- in 84734 Hanksville

● **Whispering Sands Motel**
90 So. Highway 95
Tel. 435-542-3238
whisperingsands@hanksville.com
www.whisperingsandsmotel.com
23 Zimmer in zwei Gebäuden. TV und Klimaanlage. Das WLAN in der Rezeption reicht nur bis Zimmer 15.

● **Hanksville inn & Red Rock Steak House**
280 East 100 North
Tel. 435-542-3471
Ed_bhr@yahoo.com
www.hanksvilleinn.com
Alle Zimmer mit WLAN und Kabel-TV, Restaurant.

Bed and breakfast
- in 84734 Hanksville

● **Joy's Bed & Breakfast**
250 S. Center
Tel. 435-542-3252
Von April bis Oktober geöffnet. Nichtraucherzimmer, Frühstück bei „Blondie's".

Campground
- in 84734 Hanksville

● **Duke's Grill & RV Park**
275 East (Hwy24)
Tel. 435-542-3235
res.redrock@yahoo.com
www.dukesslickrock.com
41 Full Hook-up Plätze.

Capitol Reef NP von A bis Z

ATM Geldautomaten

- **Stan's Chevron**
84734 Hanksville
350 South Hwy 95
Tel. 435-542-2017

- **Far West Bank**
84747 Loa
115 South Main
Tel. 435-836-2394

- **Austin's Chuckwagon Lodge, Store & Deli**
84775 Torrey
12 West Main Street
Tel. 435-425-3288
www.austinschuckwagonmotel.com

- **Phillips 66/Taft Travel Plaza**
84775 Torrey
Junction Hwy 24 & 12
Tel. 435-425-3302

Auto-Service

- **Hanksville Shell**
84734 Hanksville
240 E. Highway 24
Tel. 435-542-1050
24h Abschleppdienst

- **Hunt's Service Repair & Towing**
Hanksville, 84734
93 East Main
Tel. 435-542-3241
24h Abschleppdienst

- **Brian Auto Parts & Service**
84747 Loa
233 South Main
Tel. 435-836-2343
24h Abschleppdienst, Reparaturen

- **Ellet Tire Service**
84747 Loa
241 North Main
Tel. 435-836-2632

- **Thousand Lakes Services**
84775 Torrey
950 West Highway 24
Tel. 435-425-3196
Auto und RV Reparatur, Reifen

Autovermietung

- **Backcountry Outfitters**
84775 Torrey
Kreuzung Hwy 12 & 24
Tel. 435-425-2010
www.ridethereef.com
Quads und geführte Touren

- **Capitol Reef Four Wheel Drive Rentals**
84775 Torrey
1110 W. Hwy 24
Tel. 435-425-3500
4WD Jeeps

- **Thousand Lakes RV Park**
84775 Torrey
Hyw. 24 am westl. Ortsende
Tel. 435-425-3500
reservations@thousandlakesrvpark.com
www.thousandlakesrvpark.com
Der Campground vermietet auch 4WD Jeeps.

Campingplätze

- Siehe Seite 52

Dienststellen

- **BLM Henry Mountain Field Station**
84734 Hanksville
Box 99
Tel. 435-542-3461
www.blm.gov/ut/st/en.html

- **Dixie National Forest**
84747 Loa
138 South Main Street
Tel. 435-836-2811

- **Fishlake National Forest**
84747 Loa
138 South Main Street
Tel. 435-836-2811

- **Capitol Reef National Park**
84775 Torrey
HC 70 Box 15
Tel. 435-425-3791

- **Wayne County Travel Council**
84775 Torrey
Jct. Hwy 12 & 24 (Visitor Center)
Tel. 435-425-3365
info@capitolreef.travel
www.capitolreef.org

Guides & Outfitters

- **Fremont River Guides**
84715 Bicknell
PO Box 186
Tel. 435-491-0242
www.flyfishingsouthernutah.com

- **Get In the wild Adventures**
84734 Hanksville
275 East 100 North
Tel. 818-381-9453
info@getinthewild.com
www.getinthewild.com

- **Backcountry Outfitters**
84775 Torrey
Kreuzung Hwy 12 & 24
Tel. 435-425-2010
www.ridethereef.com

- **Hondoo Rivers & Trails**
84775 Torrey
90 East Main Street
Tel. 435-425-3519
info@hondoo.com
www.hondoo.com

- **Redrock Adventure Guides**
84775 Torrey
241 East 100 North
Tel. 435-425-3339
info@redrockadventureguides.com
www.redrockadventureguides.com

- **Sundance Adventure**
84775 Torrey
Post Box 750301
Tel. 435-691-4297
info@redrockadventureguides.com
www.sundanceadventureguides.com

Hotels / Motels

- Siehe Seite ab 53

Lebensmittel

- **Mesa Farm Market**
84775 Caineville
Highway 24 Mile Marker 102
Tel. 435-487-9711
www.mesafarmmarket.com
Frische Früchte und Gemüse. Brot und Ziegenkäse. Geöffnet täglich von Ende März bis Ende Oktober.

- **Bull Mountain Market**
84734 Hanksville
30 East 100 North
Tel. 435-542-3249
Kleiner Supermarkt. Lebensmittel, Fleisch, Obst, Gemüse und Getränke.

- **Royal's Market**
84747 Loa
135 South Main
Tel. 435-836-284
Supermarkt mit Frischfleisch und Bäckerei.

- **Austin's Chuckwagon Lodge, Store & Deli**
84775 Torrey
12 West Main Street
Tel. 435-425-3288
www.austinschuckwagonmotel.com

Medizinische Versorgung

● **Wayne Community Health Center**
84715 Bicknell
128 South 300 West
Tel. 435-425-3744

● **Emergancy Medical Service**
84747 Loa
PO Box 12
Tel. 435-836-2765

Polizei

● **Wayne County Sheriff**
84747 Loa
18 South Main Street
Tel. 435-836-1308

Post

● **US Post Office**
84715 Bicknell
60 E Main Street
Tel. 435-425-3478
Öffnungszeiten: Mo-Fr: 7:30 - 12.30 +
13:00 - 14:30 Uhr, Sa: 8:00 - 11:30 Uhr

● **US Post Office**
84734 Hanksville
130 E 100 N
Tel. 435-542-3432
Öffnungszeiten: Mo-Fr: 8:30 - 13:45 +
14:45 - 16:30 Uhr, Sa: 9:30 - 12:30 Uhr

● **US Post Office**
84747 Loa
12 N Main Street
Tel. 435-836-2879
Öffnungszeiten: Mo-Fr: 7:45 - 12.00 +
12:30 - 15:15 Uhr, Sa: 8:00 - 10:30 Uhr

● **US Post Office**
84775 Torrey
75 W Main Street
Tel. 435-425-3716
www.torreytradingpost.com
Öffnungszeiten: Mo-Fr: 7:30 - 13.30, Sa:
7:30 - 11:30 Uhr

Tankstellen

● **Hollow Mtn Station & Convenience Store**
84734 Hanksville
200 North Hwy 95
Tel. 435-542-3298

● **Stan's Chevron**
84734 Hanksville
350 South Hwy 95
Tel. 435-542-2017

● **Brian Sinclair & Farm Service Center**
84747 Loa
33 E. 300 South
Tel. 435-836-2884

● **Ellet Service**
84747 Loa
241 North Main
Tel. 435-836-2632

● **Phillips 66/Taft Travel Plaza**
84775 Torrey
675 East Hwy 24
Tel. 435-425-3302

● **Sinclair Travel Center**
84775 Torrey
875 North SR 24
Tel. 435-425-3866

Waschsalons

● **Aquarius Motel & Restaurant**
84715 Bicknell
240 West Main Street
Tel. 435-425-4111
www.aquariusinn.com
Dem Motel ist ein öffentlicher Laundromat angeschlossen.

● **Austin's Chuckwagon Lodge 84775 Torrey**
12 West Main Street
Tel. 435-425-3288
www.austinschuckwagonmotel.com
Das Motel verfügt über eine coin-operated Laundry.

NP Vokabeln

4WD	Allradantrieb
AAA	US Automobilclub
accommodations	Unterkunft
alcove	Überhang
arch	Steinbogen
admission	Eintritt
backpacking	Rucksackwandern
balands	Einöde
bald eagle	Weißkopf Seeadler
beam	Lichtstrahl (Canyon)
beaver	Biber
bison	Büffel
black bear	Schwarzbär
black water	Fäkalien
boardwalk	Brettersteg
booster cable	Starthilfekabel
bulletin board	Info Aushang
bullfrog	Ochsenfrosch
burro	Wildesel
butte	Tafelberg
cabin	Hütte
california gull	Silbermöve
campfire	Lagerfeuer
campground	Campingplatz
campsite	Standplatz
canyon	Schlucht, Tal
caprock	Felsnadel
cash	Barzahlung
chipmunk	Streifenhörnchen
clearance	Durchfahrthöhe
cliff	Klippe
coin operated	Münzbetrieb
cookout	Essen im Freien
cougar	Puma
corral	Pferdekoppel
coyote	Präriewolf
creek	kleiner Bach
dawn	Dämmerung
deposit	Anzahlung, Kaution
desert	Wüste
dirt road	ungeteerte Straße
drivers License	Führerschein
duck	Ente

dumping station	RV-Entsorgungsstelle
eagle	Adler
elk	Rothirsch
entrance	Eingang
equipment	Ausrüstung
exhibition	Ausstellung
fault	Graben
fee	Gebühr
firepit	Feuerstelle
firewood	Brennholz
fishing license	Angelschein
first aid kit	Erste Hilfe Kasten
flash light	Taschenlampe
flash flood	Überschwemmung
flush toilet	WC
fresh water	Frischwasser
frog	Frosch
gas station	Tankstelle
general store	Laden
golden eagle	Steinadler
gorge	Schlucht
gravel road	Schotterpiste
greyfox	Silberfuchs
grizzly	Braunbär
guided walk	Führung
gulch	Schlucht
handrail	Geländer
high clearance	hohe Bodenfreiheit
hike	Wanderung
hill	Hügel
hollow	Schlucht
hoodoo	Felsnadel
hookups	Anschlüsse für RV
horseback riding	reiten
lake	See
laundromat	Waschmaschine
laundry	Wäscherei
lighter	Feuerzeug
lizard	Eidechse
lodge	Unterkunftsgebäude
log cabin	Blockhaus
mailbox	Briefkasten
mammals	Säugetiere
marmot	Murmeltier

US Nationalpark Guide

matches	Streichhölzer	RV	Wohnmobil
map	Landkarte		
marten	Marder	saddle trip	Reitausflug
meadow	Wiese	scenic view	Aussichtspunkt
medical service	Medizin. Versorgung	self guiding trial	Weg m. Schautafeln
mesa	Tafelberg	sequoia	Mammutbaum
moose	Elch	shelter	Schutzhütte
mountain	Berg	showers	Duschen
movie	Film	skunk	Stinktier
mule	Maultier	sleeping bag	Schlafsack
mule ride	Maultierritt	slickrock	glatter Sandstein
Muskrat	Bisamratte	slide programm	Diavortrag
		slot canyon	enge Schlucht
narrows	enge Schlucht	sparrow	Spatz
nature trail	Lehrpfad	spruce	Fichte
natural bridge	nat. Felsbrücke	squirrel	Eichhörnchen
noon	Mittag	stable	Reitstall
NPS	National Park Service	stagecoach	Postkutsche
		steep	steil
oak	Eiche	summit	Gipfel, Passhöhe
offroad	abseits der Straße	sunrise	Sonnenaufgang
osprey	Fischadler	sunset	Sonnenuntergang
owl	Eule	supplies	Vorräte
		SUV	Freizeit/4WD-Kfz
park entrance	Parkeingang	swallow	Schwalbe
paved road	Asphaltstraße	swift	Mauersegler
peak	Gipfel		
permit	Eraubnis	tent	Zelt
petroglyph	Felszeichnung	titmouse	Meise
pictograph	Felsmalerei	towhee	Fink
pillar	Steinsäule	track	Spur
pine	Kiefer	trail guide	Wanderführer
pinnacles	Säulen	trailhead	Startpunkt
pinyon jay	Blauhäher		
porcupine	Stachelschwein	valley	Tal
pronghorns	Antilopenart	viewpoint	Aussichtspunkt
propane	Campinggas	visitor center	Besucherzentrum
prarie dog	Erdhörnchenart	voucher	Gutschein
raccoon	Waschbär	waiting list	Warteliste
rapids	Stromschnellen	walk	Spaziergang
rattlesnake	Klapperschlange	wash	trockenes Flußbett
raven	Rabe	waypoint	GPS Wegpunkt
riding stable	Reitstall	weather	Wetter
red squirrel	Rothörnchen	weasel	Wiesel
restroom	Toilette	wood	Wald, Holz
rim	(Canyon)-Kante	wren	Zaunkönig
river	Fluß		
rock hound	Mineraliensammler		
ruin	Ruine		

US Nationalpark Guides

Planen.   Reisen.   Erleben.

Arches Nationalpark	in Vorbereitung
Bryce Canyon Nationalpark	in Vorbereitung
Capitol Reef Nationalpark	ISBN 978-3-743-16028-6
Canyonlands Nationalpark	in Vorbereitung
Death Valley Nationalpark	in Vorbereitung
Everglades Nationalpark	in Vorbereitung
Grand Canyon Nationalpark	in Vorbereitung
Petrified Forest Nationalpark	in Vorbereitung
Yellowstone Nationalpark	ISBN 978-3-743-17277-7
Yosemite Nationalpark	in Vorbereitung
Zion Ntionalpark	in Vorbereitung

Erhältlich in allen gut sortierten Buchhandlungen sowie im Onlineversand bei www.amazon.de, www.buch.de u.v.a.m.

Info:
www.nationalpark-guide.de

US Nationalpark Guide